国語科教育の基礎・基本

教え方・学び方ポイントシート

❶「読むこと」編

井上一郎 編著

明治図書

まえがき

平成29年3月31日に改訂された学習指導要領は，中央教育審議会『幼稚園，小学校，中学校，高等学校及び特別支援学校の学習指導要領等の改善及び必要な方策等について（答申）』（平成28年12月21日）に基づいて改訂されたものです。国語科の授業改善に至る経緯を示すと，次のようになります。

〔中教審答申→学習指導要領改訂→国語科改訂→国語科教科書の改善→国語科の授業改善〕

今は，改訂方針に基づく教科書が配布され，新国語科の授業が始まっています。ただし，教育現場では，学習指導要領の趣旨や改訂内容の理解が進んでいません。そこで，国語教育学者として約35年間勤務した経験と知見を生かし，教師の教え方と子どもの学び方についてまとめることにしました。その約35年間には，大学を離れ，文部科学省教科調査官として平成20年版国語科の改訂及び『小学校学習指導要領解説国語編』を執筆をした時期も含みます。

教育現場と授業が変わるためには，次のような資料の理解が不可欠となります。

①中央教育審議会答申→②学習指導要領の総則→③国語科学習指導要領本文→④国語科解説書→⑤教科書編集の趣旨と体系・系統→⑥担当学年の１年間の指導計画→⑦評価

このようなことを各教科等に適用する教師は，大変でしょう。そこで，学習指導要領に込められた国語科の基礎・基本を解説するとともに，どのように教材及びポイントシートとして示せばよいのかを考えて本書を構成しました。

「読むこと」編（第1巻），「話すこと・聞くこと」「書くこと」編（第2巻）として，内容については，若い教師が多くなったこと，長年勤務してきた教師が新しい学力観を follow することが難しくなっていることを考慮して編集しました。小学校教師は，以前のように教科教育を研究対象として優れた実践を追究する環境にはいないと推察しています。そこで，序章において，第１巻で学習指導要領の改訂から授業改善を図る方法，第２巻で学習評価の方法について具体的に解説しておきます。各ステージでは，指導事項について，左頁で基礎・基本となる内容を解説し，右頁に児童に示すべき内容をポイントシートとしてまとめました。

［左頁］ポイントシートのねらい・解説・活用法

［右頁］教材として使用できるポイントシート

なお，「ステージ」とする能力段階の示し方は，イギリスの「ステージ」による考え方などを参考にしています。国語科教育の基礎・基本となる指導事項を理解するとともに，子どもの成長や能力の発達段階を踏まえた個別の指導が出来るようにという願いを込めています。

本書は，「全国国語教育カンファランス」会員とともに，改訂後４年間の長きにわたる研究によって完成しました。研究会員，編集者の方々に，改めて謝意を表します。多くの方が自信をもって授業に取り組めるよう本書をご活用くださることを強く願っています。

2020年11月　　井上一郎

Contents

第3ステージ

第2章 「読むこと（説明文）」の教え方・学び方ポイントシート

第1ステージ

第2ステージ

学習指導要領から基礎・基本を知り，授業に生かす

井上一郎

1．中央教育審議会答申及び学習指導要領の改訂趣旨を授業に生かす

1　中央教育審議会答申において示された課題を授業に生かす

学習指導要領改訂の前提となるのが中央教育審議会答申です。授業改善を図るのなら，答申において共有された課題を十分把握し，それらが改善されるようになっているか授業を check しなければいけません。なぜなら，学習指導要領改訂が行われるたびに，同一課題が繰り返し提示されてきたきらいがあるからです。前提とした課題は，次のようなことになります。答申から要約して示しましょう。

(1)　学習者についての課題

○　判断の根拠や理由を明確に示しながら自分の考えを述べることに課題。
○　自らの能力を引き出し，学習したことを生活や社会の中の課題解決に生かす面に課題。
○　情報の意味を吟味したり，文章の構成や内容を的確に捉えたりする読解力が弱いという課題。
○　体験活動を通じて協働すること，文化芸術を体験し感性を高める機会が限られているという課題。

(2)　未来社会を生き抜くための課題

○　人工知能やインターネットによる時代・社会の変化に対応する創り手を育成する課題。
○　自立した人間として，主体的に学びに向かい，必要な情報を判断し，自ら知識を深めて個性や能力を伸ばし，人生を切り拓いていくことができるようにするという課題。
○　対話や議論を通じて，自分の考えを根拠付けて伝えるとともに，他者の考えを理解し，自分の考えを広げ深めたり，集団としての考えを発展させたり，他者への思いやりを持って多様な人々と協働したりしていくことができるようにするという課題。
○　よりよい人生や社会の在り方を考え，試行錯誤しながら問題を発見・解決し，新たな価値を創造していくとともに，新たな問題の発見・解決につなげていく能力を育成する課題。

2　言語能力の育成と言語活動の実態や課題を授業に生かす

(1)　言語能力についての課題

○　PISA 調査，TIMSS 調査に加え，平成19年度から始まった「全国学力・学習状況調査」の結果をみると，判断の根拠や理由を明確に示しながら自分の考えを述べたり，実験結果を分析して解釈・考察し説明したりすることなどについての課題。
○　視覚的な情報と言葉との結び付きが希薄になり，知覚した情報の意味を吟味したり，文章の構造や内容を的確に捉えたりしながら読み解くことが少なくなっているという課題。
○　複数の画面から情報を取り出し，考察しながら解答することに慣れていないという課題。
○　読書活動が受け身の読書体験にとどまっており，著者の考えや情報を読み解きながら自分の考えを形成していくという能動的な読書になっていない。情報を主体的に読み解き，考えの形成に生かす読書（interactive reading 相互作用的な読書）力を育成するという課題。

(2)　言語活動についての課題

○　言語活動についての目的意識や教科等の学習過程における位置付けが不明確であったり，指導計画等に効果的に位置付けられていないという課題。

○　言語活動を行うことに負担を感じている教師，時間を確保することが困難と考えている教師がいるという課題。
○　見通しを立て，主体的に課題の発見・解決に取り組み，振り返るといったアクティブ・ラーニングの学習過程において，言語活動を効果的に位置付け，そのねらいを明確に示すことが必要である。数学的活動，問題解決的・探究的な活動など，各教科において言語活動を位置付けたり，授業の冒頭に見通しをもたせ，最後に振り返りをすることを徹底することについての課題。

国語科では，読者としての子ども個々の目的を明確にし，自らの目的に応じた文章を含む資料を活用します。構造的に深く読むことに加え，映像情報もテクストとして関連付ける精読力と表現力の育成を図らなければいけません。従来，短い文章や１冊の本を扱うというイメージが強くありました。PISA 調査が，CBT 調査（コンピュータ画面で問題を解く調査方法）に移行したように，多様で複数のテクスト・資料を関連付け，能動的に行う読書活動力を求められるようになりました。このような新しい読解力・読書力・記述力を育成する国語科の授業づくりは，次のようなことに配慮する必要があります。

①　言語能力は，各教科等における学習活動の基盤となる汎用的な能力として重要です。豊かな心や人間関係を形成するために，国語科を中核に基礎・基本を定着させる必要があります。

②　言語能力の育成は，すべての教科で取り組まれるべきものです。国語科の指導内容が各教科等においても有効な内容になるように考えなければいけません。

③　課題となっている，言語活動についての目的意識の欠如や，教科等の学習過程や指導計画等における位置付けが効果的でないことは，今後も年間指導計画の編成に留意が必要です。また，言語活動を行うことが目的化している，単なる話し合いにとどまり形骸化しているなどの課題には，個人学習・グループ学習の段階において各自の役割を強く意識させるとともに，クラスでの「まとめ」を明確に行うことで対処するとよいでしょう。

④　「見通しを立て，主体的に課題の発見・解決に取り組み，振り返るといった学習過程に言語活動を効果的に位置付け」ることは，単元構想や単位時間の具体化においてアクティブ・ラーニングを構成する学習活動の実現に直結する問題です。

３　学習指導要領の改訂ー総則における改訂の方針から国語科の役割を明確にする

⑴　育成すべき資質・能力と評価の改革

総則では，育成すべき資質・能力として，３点示しています。

①　知識及び技能が習得されるようにする。

②　思考力，判断力，表現力等を育成する。

③　学びに向かう力，人間性等を涵養する。

これらが国語科に最も影響を与えるのは，評価が従来５観点であったのに対して，３観点で評価するようになることです。〈目標と評価の一体化〉が一層求められます。

⑵　教育課程の編成ーカリキュラム・マネジメントの具体化

各学校における実際の教育課程の編成について繰り返し強調しているのが，「カリキュラム・マネジメント」です。国語科と関連付けて大切なことをまとめておきましょう。

a　教科等横断的な視点に立った資質・能力の育成

言語能力，情報活用能力，問題発見・解決能力等の学習の基盤となる資質・能力を育成していくことが出来るよう，教科等横断的な視点から教育課程を編成するようにします。

b　主体的・対話的で深い学びの実現に向けた国語科の授業改善

総則で各教科共通で示した「第３　教育課程の実施と学習評価」には，指導計画及び授業づくりについて大事なことを示唆しています。国語科ならどうするかと考え，comment を追加して関連付けておきましょう。

(1)　主体的・対話的で深い学びの実現に向けた国語科授業を目指す。
(2)　各教科等及び各学年相互間の関連を図り，系統的，発展的な指導ができるようにする。
(3)　学年の内容を２学年まとめて示した国語科では，各学年に応じた指導計画を構想し，定着した学力を評価して単元ごとに評価規準を作成することが必要となる。
(4)　児童の発達の段階や指導内容の関連性等を踏まえつつ，合科的・関連的な指導を進める。国語科は，複合的，統合的になる単元もある。また，他の教科等との合科や関連付け，総合的な学習にも関連している。
(5)　各教科等の特質に応じた見方・考え方を働かせながら，知識を相互に関連付けてより深く理解したり，情報を精査して考えを形成したり，問題を見いだして解決策を考えたり，思いや考えを基に創造したりすることに向かう過程を重視した学習の充実を図る。国語科でも，このような主体的な学習が不可欠である。
(6)　必要な言語環境を整えるとともに，国語科を要としつつ言語活動，特に読書活動の充実を図ること。
(7)　児童が学習の見通しを立てたり学習したことを振り返ったりする活動を，計画的に取り入れる。
(8)　児童が自ら学習課題や学習活動を選択する機会を設けるなど，児童の興味・関心を生かした自主的，自発的な学習が促されるよう工夫する。国語科は，学習課題を自ら設定する能力育成に最適である。
(9)　学校図書館を計画的に利用し主体的・対話的で深い学びの実現に向けた授業改善に生かすとともに，児童の自主的，自発的な学習活動や読書活動を充実する。国語科では，学校図書館や文化施設を利用した学習活動を積極的に展開し，他教科等との連携を図らなければならない。

4　国語科の改訂の趣旨に基づいて授業改善を行う

国語科は，何を改訂したのでしょうか。平成20年版と比べてみるとその趣旨がよく理解出来ます。それらを，年間指導計画，単元構想，授業展開の具体化に生かしていきましょう。

平成20年版学習指導要領国語科の要点	平成29年版学習指導要領国語科の要点
(1)　目標及び内容の構成 ①　目標の構成 ②　内容の構成（３領域１事項） A話すこと・聞くこと　B書くこと C読むこと 〔伝統的な言語文化と国語の特質に関する事項〕	(1)　目標及び内容の構成 ①　目標の構成 ②　内容の構成 〔知識及び技能〕 ・言葉の特徴や使い方　・情報の扱い方　・我が国の言語文化 〔思考力，判断力，表現力等〕 A話すこと・聞くこと　B書くこと　C読むこと
(2)　学習過程の明確化 (3)　言語活動の充実 (4)　学習の系統性の重視 (5)　伝統的な言語文化に関する指導の重視 (6)　読書活動の充実 (7)　文字指導の内容の改善	(2)　学習内容の改善・充実 ①　語彙指導の改善・充実 ②　情報の扱い方に関する指導の改善・充実 ③　学習過程の明確化，「考えの形成」の重視 ④　我が国の言語文化に関する指導の改善・充実 ⑤　漢字指導の改善・充実 (3)　学習の系統性の重視 (4)　授業改善のための言語活動の創意工夫 (5)　読書指導の改善・充実

表を見ると，内容の多くは前回の改訂の趣旨を継続していることが分かります。

(1)　教科目標及び学年目標，内容の構成の趣旨と留意点

教科目標は，国語科の役割を示す最も重要なものです。前段は，次のように要約されます。

①　国語科独自の「言葉による見方・考え方を働かせ」ること。

②　実際の学習活動は「言語活動を通して」行うこと。

③　国語科で育成すべき資質・能力は，「国語で正確に理解し適切に表現する資質・能力」

後段は，次のように整理しています。

①「知識及び技能」　②「思考力，判断力，表現力等」　③「学びに向かう力，人間性等」

学年目標についても，〔第１学年及び第２学年〕のように２学年別で同じ枠組みになっています。なお，３領域の内容のうち〔知識及び技能〕にふさわしいものは統合しています。例を挙げましょう。「話すこと・聞くこと」の「ウ　姿勢や口形，声の大きさや速さなどに注意して，はっきりした発音で話すこと」（平成20年版）が〔知識及び技能〕に再編しています。

さて，このように〔知識及び技能〕と〔思考力，判断力，表現力等〕に分節したことによって注意することがあります。それは，〔知識及び技能〕を取り立てて扱うものと，思考・判断し表現する実際の言語活動と関連付けて指導するものとがあるということです。したがって，単元構想時に，これらをいかに統合的に扱うかが大切になってきます。

⑵ 学習内容の改善・充実の趣旨と留意点

① 語彙指導の改善・充実

語彙力については，読書量の低さや言語経験の少なさから語彙量が豊かではないこと，語彙力が不十分なので読解力に課題があることなどを指摘しています。読書活動を活発に行うこと，文・文章の中での語彙としての働きについての精読力を高める工夫が必要です。

② 情報の扱い方に関する指導の改善・充実

情報活用能力の育成は，「喫緊の課題」（答申）です。新たな指導事項として取り立て，思考力のことについてもここで明確に位置付けています。

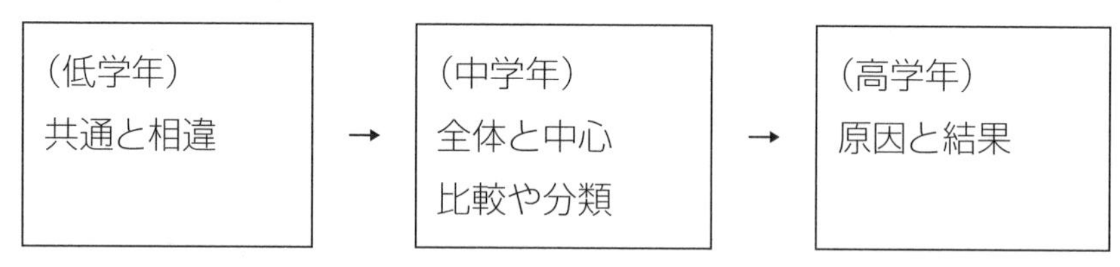

③ 学習過程の明確化，「考えの形成」の重視

自ら学び，課題を解決していく能力を重視し，指導事項については学習過程を明確にしました。3領域それぞれでどのような単元構想と単位時間に具体化するか決定しなければなりません。

④ 我が国の言語文化に関する指導の改善・充実

平成20年改訂では，〔伝統的な言語文化と国語の特質に関する事項〕を設定しました。今改訂では，「伝統的な言語文化」「言葉の由来や変化」「書写」「読書」に関する指導事項を「我が国の言語文化に関する事項」として整理しています。

⑤ 漢字指導の改善・充実

常用漢字表の改定（平成22年）を踏まえ，「都道府県名に用いる漢字を『学年別漢字配当表』に加えることが適当である。」とし，「学年別漢字配当表」を再整理しています。

⑶ 学習の系統性の重視

国語科の指導内容は，算数や理科のように，当該学年に明確に位置付けるというよりは，系統的・段階的に上の学年につながっていくとともに，螺(ら)旋的・反復的に繰り返しながら学習していきます。このため，指導事項と言語活動例を反復させ，定着を図る単元作りが求められます。

⑷ 授業改善のための言語活動の創意工夫

言語能力を育成するためには，見通しを立て，主体的に課題の発見・解決に取り組み，振り返るといった学習過程において，言語活動を効果的に位置付けることは既に触れました。

⑸ 読書指導の改善・充実

国語科の学習が読書活動に結び付くよう，「読書」に関する指導事項を位置付けるとともに，学校図書館などを利用し様々な本を活用する言語活動を行う必要があります。

2．国語科の指導内容から基礎・基本を明確にし，授業に生かす

1　指導内容を概観して授業に生かす

それでは，国語科の基礎・基本となる指導内容を確かめ，授業構想にどのように生かせばよいのか考えてみましょう。学習指導要領の国語科は，次のように構成しています。

学習指導要領「国語」の指導内容の事項一覧

内　容	
教科目標	前書き・「知識及び技能」・「思考力，判断力，表現力等」・「学びに向かう力，人間性等」
学年目標	「知識及び技能」・「思考力，判断力，表現力等」・「学びに向かう力，人間性等」
2　内容	
〔知識及び技能〕	
(1)　言葉の特徴や使い方に関する事項	○言葉の働き　○話し言葉と書き言葉　○漢字　○語彙 ○文や文章　○言葉遣い　○表現の技法　○音読，朗読
(2)　情報の扱い方に関する事項	○情報と情報との関係　○情報の整理
(3)　我が国の言語文化に関する事項	○伝統的な言語文化　○言葉の由来や変化　○書写　○読書
〔思考力，判断力，表現力等〕	
A　話すこと・聞くことの指導事項	
「話すこと」	ア　話題の設定，情報の収集，内容の検討 イ　構成の検討，考えの形成　ウ　表現，共有
「聞くこと」	ア　話題の設定，情報の収集 エ　構造と内容の把握，精査・解釈，考えの形成，共有
「話し合うこと」	ア　話題の設定，情報の収集，内容の検討 オ　話合いの進め方の検討，考えの形成，共有
話すこと・聞くことの言語活動例	○話したり聞いたりする活動　○聞いたり話したりする活動 ○話し合う活動
B　書くことの指導事項	○題材の設定，情報の収集，内容の検討　○構成の検討 ○考えの形成，記述　○推敲　○共有
書くことの言語活動例	○説明的な文章を書く活動　○実用的な文章を書く活動 ○文学的な文章を書く活動
C　読むことの指導事項	○構造と内容の把握　○精査・解釈 ○考えの形成　○共有
読むことの言語活動例	○説明的な文章を読む活動 ○文学的な文章を読む活動 ○本などから情報を得て活用する活動

学習指導要領本文及び解説書では，各指導事項を示し解説する形式となっています。したがって，実際に単元構想や授業展開をする時には，この一覧表が手元にあると，次のような理由でとても便利です。この一覧表を，何度も見て，授業改善を図っていくとよいでしょう。

① 〔知識及び技能〕と〔思考力，判断力，表現力等〕を関連付け，指導目標や評価規準を定めたりする時に必ず参照する。

② 指導事項と言語活動を関連付ける時に全体を見て考えるので必要となる。

③ 単元相互の関連を考えながら，当該単元の内容を一層具体化するのに有効となる。

2 〔知識及び技能〕の指導内容を授業に生かす

本書では，〔思考力，判断力，表現力等〕に位置付けられた「話すこと・聞くこと」「書くこと」「読むこと」の指導事項から国語科の基礎・基本を抽出し，目次構成を行っているので，〔知識及び技能〕の指導内容については，紙幅の関係で詳細に解説出来ません。ここでは，〔思考力，判断力，表現力等〕と深く関連する〔知識及び技能〕だけを解説しておきます。

⑴ 言葉の特徴や使い方に関する事項

① 「語彙」の内容と系統

〔知識及び技能〕では，①語句の量を増すこと，②語句のまとまりや関係，構成や変化について理解することの２つの内容で構成しています。語句の量は，「身近なことを表す語句の量→様子や行動，気持ちや性格を表す語句の量→思考に関わる語句の量」を増すように示しています。言語活動における語句・語彙についての指導と連携することが欠かせません。

② 「文や文章」の内容と系統

まとまった言語単位である話し言葉の「話」，書き言葉の「文章」の構成に関する事項です。それらを基盤に，話や文章の構成の展開，その内部における文相互の関係などについて理解することを示しています。なお，段落の役割，話や文章の構成や展開は，平成20年版では各領域に示してきた内容ですが，今改訂では，〔知識及び技能〕としてまとめています。

③ 「言葉遣い」の内容と系統

丁寧な言葉と普通の言葉，敬語などに注意して言語活動を行うようにします。

④ 「表現の技法」の内容と系統

表現の技法は，表現と理解の両面から必要な事項であることを意識して関連付けます。表現の技法には，題名，文章構成や表現法の工夫，記述上の細やかな工夫，相手に対する多様な配慮なども含みます。「比喩や反復」は，レトリックの一例を示したものです。

⑤ 「音読，朗読」の内容と系統

音読や朗読は，「C　読むこと」に加え，「B　書くこと」とも関連しているので，〔知識及び技能〕として整理しています。「読むこと」と「書くこと」における音読・朗読の活動は，目的や役割が違ってきます。それらの違いに注意が必要です。

⑵ 情報の扱い方に関する事項

①　情報と情報との関係

話や文章で活用されている「情報」が，全体の中でどのような役割をしているか，それらの情報はどのような関係にあるかなどを分析，把握することがねらいとなっています。情報は，文章の一部に埋め込まれるように使用されていたり，引用や抜粋でまとまって活用されたりしている場合があります。もちろん，話し手や書き手の考えに沈み込むように消化されている場合もあります。そのような文中の「情報」を見いだすことが必要です。

②　情報の整理

実際に，「情報」を取り出したり，自ら活用したりする際に行う整理の仕方や具体的な手段について示したものです。引用や抜粋，要約，比較，分類などを取り上げています。また，話や文章全体に位置付けたり，図解方法についても示唆したりしています。

⑶　我が国の言語文化に関する事項

「我が国の言語文化」には，文化としての言語，文化的な言語生活，多様な言語芸術や芸能などを幅広く指しています。伝統的な言語文化に関する事項は，昔話や神話・伝承，短歌や俳句，古文・漢文などの文章などを取り上げます。低学年で「昔話」を指導する時，単なる物語のように扱うのではなく，そこに息づく高度な言語文化・伝統文化を感じ取れるような工夫が必要です。

○読書

読書は，①読解力を基盤に本から情報を得る，②本の内容を擬似的に経験する，③筆者の生き方や考え方から影響を受ける，などの働きをもった言語活動です。自ら進んで読書をする態度やインターラクティブな能力を養うために，学校図書館の利用とともに，読書生活を豊かにする授業が望まれます。なお，「読書」は，本に加え，新聞・雑誌，何かを調べるために関係する資料などを読むことも含んだ幅広いテクスト・資料を指します。

3　〔思考力，判断力，表現力等〕の指導内容を授業に生かす

〔思考力，判断力，表現力等〕の指導内容は，「話すこと・聞くこと」「書くこと」「読むこと」の３領域に分かれます。つまり，基礎・基本となる言語能力は，これら３領域における指導事項から単元ごとに分化と具体化を行って繰り返し定着するように授業構想することになります。

⑴　「話すこと・聞くこと」の内容と系統

①　「話すこと・聞くこと」の指導事項

３領域は，学習過程の構造に対応させることを重視し，指導事項と言語活動例を示すようにしています。ただし，「話すこと・聞くこと」領域は，「話すこと」「聞くこと」「話し合うこと」の３つの様式を統合してア～オと構成しているので，理解しにくい面もあります。一覧表で示したように，それぞれに「ア　話題の設定，情報の収集，内容の検討」の事項があるものとして理解し，学習過程に沿った示し方が３領域で統一されていると考えましょう。

「話すこと」	ア　話題の設定，情報の収集，内容の検討　イ　構成の検討，考えの形成 ウ　表現，共有
「聞くこと」	ア　話題の設定，情報の収集　エ　構造と内容の把握，精査・解釈，考えの形成，共有
「話し合うこと」	ア　話題の設定，情報の収集，内容の検討 オ　話合いの進め方の検討，考えの形成，共有
話すこと・聞くことの言語活動例	○話したり聞いたりする活動　○聞いたり話したりする活動 ○話し合う活動

３様式の主な過程は，「話題の設定―情報の収集―内容の検討，構成の検討，構造と内容の把握，精査・解釈，話合いの進め方の検討―考えの形成―共有」などを経ています。ここで，「共有」という学習過程を使用していることに注目する必要があります。「共有」は，「書くこと」「読むこと」全ての学習過程の最後に位置付けています。単元は，通常，第一次から第三次までで区切りを入れながら構想しますが，第三次には，必ず授業過程の振り返りの前段階で，今まで積み上げてきた議論や制作物などを基に交流し，さらに理解や知識の体系化を図る「共有」時間を設定することを求めたものです。

○　実際の単元化に当たっては，「ア」は全てに関係します。導入や課題設定を受け，焦点化した話題設定や情報収集の取材，取材して得られた内容の検討や吟味を行う必要があります。

○　話すことと聞くことは，同時的に行われており，話し手は聞き手を，聞き手は話し手を強く意識して言語活動を行うことが大切です。

○　「話合い」は，話すことと聞くこととが交互に行われる言語活動であり，それぞれの児童が話し手でもあり聞き手でもあります。したがって，「話すこと」と「聞くこと」に関する指導事項との関連を図ることも重要となります。簡単な応答から高度な討論へと高めていく，進行役から司会力へと高次化する，のように系統的視点から見る必要があります。

②　「話すこと・聞くこと」の言語活動例

言語活動例では，「話すこと」「聞くこと」「話し合うこと」の三様式を焦点化して指導出来るように例示しています。内容と系統は，次のようです。

○　説明，報告，意見，提案などについて，話し手はまとまった話をすることと，聞き手は確かめること，感想を述べること，説明や報告を聞くこと，提案や意見を聞くことなどを一体化した言語活動を例示しています。

○　聞く力に焦点化し，質問することやインタビューすることを通して情報を入手することの言語活動を例示しています。

○　話し合う力に焦点化し，低学年では，会話したり，少人数で話し合ったりします。中学年では，グループや学級集団の中で話し合います。高学年では，互いの考えを大事にして話合いを共有し，生かし合う言語活動を例示しています。

これらの言語活動は例示であるため，全てを行わなければならないものではありません。また，これら以外の言語活動を取り上げることも考えてよいものです。

⑵ 「書くこと」の内容と系統

① 「書くこと」の指導事項

指導内容は，書くことの表現過程に応じた言語能力となるように再構成しています。

○題材の設定，情報の収集，内容の検討　　　○構成の検討

○考えの形成，記述　　　○推敲　　○共有

指導事項は，プロセスに応じ，低学年・中学年・高学年へと高度化するように系統化しています。ここで注意しなければいけないのは，指導事項を分析的に捉えないと基礎・基本となることが明確にならないということです。というのは，下記に書いてあるようなことに注意する必要があるからです。

（a）　プロセスに応じて記述された内容には，複合した内容を含んでいます。指導事項を分析しながら，育成すべき能力を明確にしていくことが大切となってきます。例えば，「ア　題材の設定，情報の収集，内容の検討」の指導事項は，３つの内容を含んでいます。これらは，一体的に行う言語活動であり，ここからここまでがそれぞれに該当すると明確に分けられませんが，能力として求める時には，分節して考えることも必要となってきます。

低学年を見てみましょう。

> ア　経験したことや想像したことなどから書くことを見付け，必要な事柄を集めたり確かめたりして，伝えたいことを明確にすること。

「経験したことや想像したことなどから書くことを見付け」というのは，［題材の設定］に関する能力に該当します。「必要な事柄を集めたり確かめたりして，伝えたいことを明確にすること。」は，［情報の収集，内容の検討］に関する能力に該当します。これらが中学年になると次のようになります。

> ア　相手や目的を意識して，経験したことや想像したことなどから書くことを選び，集めた材料を比較したり分類したりして，伝えたいことを明確にすること。

「相手や目的を意識して，経験したことや想像したことなどから書くことを選び」は，［題材の設定］に関する能力に該当します。ただし，「相手や目的を意識して」は，表現の構造全体にかかる相手や目的に関する能力であるので，［題材の設定］だけにとどまりません。以下の構成や記述，推敲，共有などにも関連することに注意が必要です。高学年では，「目的や意図に応じて」とさらに高度化しています。このように，１つの箇条に込められた指導事項は，１つではないことを強く意識して，授業における指導目標及び評価規準を具体化することが求められているのです。

（b）　１つの箇条にプロセスに応じた複数の能力が含まれていることを指摘しましたが，さらに詳しく見ると，同じ能力であっても，複数の能力を示していることが分かります。「考えの形成，記述」を例にしてみましょう。次は，高学年の「ウ」・「エ」の指導事項です。

ウ　目的や意図に応じて簡単に書いたり詳しく書いたりするとともに，事実と感想，意見とを区別して書いたりするなど，自分の考えが伝わるように書き表し方を工夫すること。
エ　引用したり，図表やグラフなどを用いたりして，自分の考えが伝わるように書き表し方を工夫すること。

「ウ」・「エ」の２つの指導事項には，次のような記述力が含まれています。
・「簡単に書いたり詳しく書いたりする」→略述する能力と詳述する能力
・「事実と感想，意見とを区別して書いたりする」
　→事実を記述・説明する能力と意見を記述・説明する能力
・「引用したり」→引用する能力
・「図表やグラフなどを用いたりして」
　→図表（非連続型テキスト）を用いて記述・説明する能力

このようなことにも注意してア～オの指導事項を授業で具体化することになります。

（c）　指導事項を見ると，「話すこと・聞くこと」「読むこと」との関連が深いことが分かります。文章様式として取り上げる「説明・報告・意見」などは３領域共通です。「引用，図表やグラフ，事実と感想，意見，段落相互の関係」などの事項も３領域で関連付けられるべき内容として含まれています。これらを年間指導計画で関連付けるようにすることが重要です。

（d）　指導事項は，表現過程を重視しており，文章様式に関する直接的な表現はありません。言語活動例を見ると，指導事項を具体化するために文章様式に言及していてどのような文章様式を取り上げればよいかが分かる仕組みになっています。このように，アからオまでの指導事項と言語活動例を関連付け，指導内容を確定するものだということをよく理解して授業を工夫します。

（e）　学習指導案を検討していると，間違った考えに陥っていることによく気付きます。それは，指導事項が表現過程を重視しているから，単元の指導計画も同じように流せばよいと思っていることです。単元の指導計画は，いかに児童に学力を定着させるかを考えて授業展開を考えるものです。したがって，表現過程と学習過程とはイコールの関係にはなりません。アクティブ・ラーニングのためには，第一次指導過程において，「導入→学習課題の設定→学習計画の構想」などを行う必要があります．これらの中で，書くことの相手や目的・意図が決まっていくのです。第二次指導過程においても，情報収集→構成→記述といった形式的な流れでは児童の主体的・対話的で深い学びは出来ません。モデルとなる文章を読んだり，よい構成／悪い構成などをグループ学習したりして意識化を図ったりします。さらに，推敲をすることで構成を全面的に書き直したり，お互いに読み手になってアドバイスしたりして再び原稿を書いたりするなどします。行きつ戻りつするのが表現過程を学習過程にするということです。

（f）　書くことの表現過程に入っている「ア　題材の設定，情報の収集，内容の検討」は，取材過程の重要な要素です。これらの中で，児童にとって最も難しいのは，得られた資料を「読むこと」です。情報を得るために読むことと，モデルとして読むことでは読み方が全然違ってきます。前者では，鵜呑みにしたり，そのまま引用したりする，言わばコピーのような「視写」にならないようにする必要があります。情報が正しいか，確かか，自分の考えと一致しているかなど，「情報を読む」能力を高め深めていくことが深い学びの授業を可能にします。

②　「書くこと」の言語活動例

各学年における「B書くこと」の言語活動例は，次の内容で構成しています。

○　各学年のア＝主として説明的な文章を書く言語活動。

○　第１学年及び第２学年，第３学年及び第４学年のイ＝主として実用的な文章を書く言語活動。

○　第１学年及び第２学年，第３学年及び第４学年のウと第５学年及び第６学年のイ，ウ＝主として文学的な文章を書く言語活動。

言語活動は，各学年で新しく出合う文章様式の言語活動の理解と，それらの定着を図るために反復しながら高次化することに留意すべきであることは先に指摘しました。指導事項を見ると，次のような系統化を図っています。

☆　経験報告，観察記録→調査報告→説明，意見文
☆　日記，手紙，案内状，お礼状
☆　物語→詩，物語→短歌，俳句，随筆

中核となる言語活動を一連の課題解決過程として実現させながら，育成すべき指導事項が定着するように工夫する必要があります。言語活動を成就する＝達成する実感を与えるために，原稿の完成を各自が「出来る」ように工夫すべきでしょう。

⑶　「読むこと」の内容と系統

①　「読むこと」の指導事項

「読むこと」においても，読書行為の過程に沿って構成されています。使用されている「学習指導要領解説国語編」での用語の説明とともに引用しておきましょう。

○　構造と内容の把握―叙述を基に，文章の構成や展開を捉えたり，内容を理解したりする。
○　精査・解釈―文章の内容や形式に着目して読み，目的に応じて必要な情報を見付けることや，書かれていること，あるいは書かれていないことについて，具体的に想像する。
○　考えの形成―文章の構造と内容を捉え，精査・解釈することを通して理解したことに基づいて，自分の既有の知識や様々な体験と結び付けて感想をもったり考えをまとめたりしていく。
○　共有―文章を読んで形成してきた自分の考えを表現し，互いの考えを認め合ったり，比較して違

いに気付いたりすることを通して，自分の考えを広げていく。

読むことの基礎・基本を見いだしていくために注意すべきことをまとめておきましょう。

(a)　指導事項は，文学と説明文の指導事項を混合して示しています。高学年を例にしましょう。

「構造と内容の把握」の指導事項
ア　事実と感想，意見などとの関係を叙述を基に押さえ，文章全体の構成を捉えて要旨を把握すること。 →説明的な文章を読むことの基礎・基本を求めている
イ　登場人物の相互関係や心情などについて，描写を基に捉えること。
→文学的な文章を読むことの基礎・基本を求めている
「精査・解釈」の指導事項
ウ　目的に応じて，文章と図表などを結び付けるなどして必要な情報を見付けたり，論の進め方について考えたりすること。→説明的な文章を読むことの基礎・基本を求めている
エ　人物像や物語などの全体像を具体的に想像したり，表現の効果を考えたりすること。
→文学的な文章を読むことの基礎・基本を求めている

このように，読むことの過程に沿って指導事項を示しているのではなく，過程を基盤にして指導事項を配列しているのです。具体化の時に注意が必要です。

(b)　書くことの表現過程についても触れたように，指導事項の過程と本や文章を読む読書行為の過程は，違っています。例えば，最初に，本文の構造や内容の把握に入るのではありません。読書目的や読書課題の設定，選書，通読を行ってから本格的な「構造と内容の把握」「精査，解釈」などに至るものです。単元の構想では，アクティブ・ラーニングのために導入，学習課題の設定，学習計画が欠かせません。もちろん，文学と説明文では，読書行為の過程も違ってきます。

(c)　読解力の中核となる読み方（Reading strategy）と読書活動（Reading activity）を説明文と文学において明確にし，学年に位置付けて系統化しなければなりません。そのために，精読すること（精読力）と自らの考えを高める（感想力・反応力）の観点となる基礎・基本の学習用語（これらの指導も国語科の語彙指導である）を導入して使用出来るようにすることが大切です。

物語文を読む場合で考えてみましょう。課題に応じて読むべき作品・本が決まったら最初に考えるのは，次のことです。

題名，視点（一人称視点，三人称視点） 事件展開（冒頭部は，状況設定，事件の発端，事件展開，伏線，場面展開，事件の解決〈クライマックスは，ハッピーエンドかそうでないか〉）など

中核となる登場人物については，次のことが読解対象となります。

登場人物－主体（人物呼称，境遇，性格・信条・考え方・思想・世界観），登場人物の相互関係，役割関係，登場人物の登場の仕方（一斉か，順次か），呼称，登場人物の行動（表情，動作・しぐさ，登場人物は大きく変化するかしないか），登場人物の会話，登場人物の心理（気持ちの描写，意識の流れ，心境，心情，心中描写），など

このような精読の基盤となる学習用語とともに，指導事項の中から定着すべき事項を明確にし，授業の中で反復して使用出来るようにしていく必要があります。

（d）　単元の終了時に「関連する本を読もう」と呼びかけるだけでは読書活動は定着しません。言語活動として示している読書活動を取り上げるためには，読解力と読書力の違いを意識して育成することが大切です。教科書で言えば，読解単元と読書単元をどのように関連付けるか，また，日常の読書生活の向上に結び付くのにはどのようにすればよいのかなど，カリキュラム・マネジメントの発想からも授業改善が必要になってきます。

（e）「書くこと」で「読むこと」が重要であるように，「読むこと」においても「書く」能力を意識的に取り上げるようにしましょう。説明文と文学とでは，「考えの形成」も相当違ってきます。細やかな配慮が必要となります。

②　「読むこと」の言語活動例

各学年の「読むこと」の言語活動は，次のように構成しています。

ア　説明的な文章を読んで，分かったことや考えたことを表現する言語活動。 イ　文学的な文章を読んで，内容を説明したり考えたことなどを伝え合ったりする言語活動。 ウ　学校図書館などを利用し，本などから情報を得て活用する言語活動。

（a）「読むこと」の言語活動の文末を見ると，表現活動に触れていることが分かります。

ア　記録や報告などの文章を読み，文章の一部を引用して，分かったことや考えたことを説明したり，意見を述べたりする活動。[中学年]

読むことは，読んだことから自分の考えへと発展させ，表現することも含んでいるのです。したがって，読解力と記述力を同時的に育成出来るように単元構成することが大切です。読解力は，自らの考えを形成するために，引用したり，比較して読んだりするなど考えを深め，説得力あるものに仕上げていくことも基礎・基本となります。

（b）　読むための文章様式については，言語活動例から説明文，記録文，報告文，物語文，詩，伝記などが例示されていることが分かります。これらの文章様式の違いを自覚するとともに，それらに応じた読書行為の過程を単元として指導計画にまとめ上げる工夫が必要です。

（c）　１つの文章を読む能力と本を読む能力とを意識的に単元構成に生かすようにします。ただし，いつも文章から本へではなく，本全体を読む能力を明確にして取り立て指導しないといけません。多読，再読，速読などは日常生活の読書習慣と深く関わってきます。

第1章 「読むこと（物語文）」の教え方・学び方ポイントシート

1．物語の世界へ出発！

ポイントシートのねらい

物語がどんなメディアに取り上げられているかをまとめたものです。物語が取り上げられる主な３つのメディアと，メディアに合わせた物語の楽しみ方を紹介しています。興味が広がらない児童，選書が偏りがちな児童に，ポイントシートで物語の楽しさを伝えていきましょう。

ポイントシートの解説

物語が取り上げられるメディアについて学べるようにしました。メディアの種類や特徴に合わせた物語の楽しみ方をポイントシートで紹介しています。

① 物語が書かれるメディアの違いを知る

絵本，短編集，同じ人物や舞台で物語が描かれるシリーズの本というように，物語が表現されるメディアに違いがあります。物語を楽しむためには，このメディアの違いを知っておくことが重要です。

ポイントシートでは，児童に身近な絵本は車，各駅停車のように短いお話が集まる短編集は電車，様々な世界で物語が描かれるシリーズの本は飛行機というように，メディアの特徴に合わせた乗り物で紹介しています。

② メディアごとの楽しみ方を知る

絵本には，絵と文から想像する楽しさ，短編集には自分のペースで読む楽しさ，シリーズの本には，お気に入りの世界に何度も浸れる楽しさがあります。ポイントシートでは，これらのメディアの特徴と楽しみ方を示しました。絵本を読み聞かせ，表紙から話の内容や登場人物を想像させたり，お話同士でつながりのある短編集を紹介したり，物語の楽しさに加え，メディアならではのおもしろさも体験させましょう。

ポイントシートの活用法

本を片手にメディアの違いを説明したり，右頁のポイントを参考に発問を交えた読み聞かせをしたりすることで，メディアに応じて物語を楽しむポイントを意識させることが出来ます。今まで読んだ本や図書館の本をメディアで仲間分けしたり，メディアごとのお気に入りの本を探したりすると，本に親しむことが出来ます。お気に入りの本を友達に読み聞かせたり，劇遊びにしたりすることで，さらに物語を楽しく読むことが出来るでしょう。

（参考文献：井上一郎編著・古川元視著『アクティブ・ラーニングをサポートする！学校図書館活用プロジェクト　掲示ポスター＆ポイントシート事典』）

ものがたりのせかいへしゅっぱつ！

ものがたりは，どんな本にかいてあるかしっているかな？　絵本のほかにも，いろいろな本にのっているよ。本にあわせたたのしみかたをしってたのしいものがたりのせかいへ出かけよう。

絵本をたのしむ

きれいな「絵」といっしょに，ものがたりがたのしめる本だよ。

ひょうしをたのしむ

◇どんな「お話」か，おもいうかべたり，お話の「どこ」がひょうしになっているか，みつけたりしてたのしもう。

文と絵をたのしむ

◇文と絵を合わせてよんでみよう。いろんなことがみつかるかもしれないよ。

つぎのページをたのしむ

◇つづきはどうなる。つぎのページでどんなことがおこるのか，よそうしてページをめくろう。

たんぺんしゅうをたのしむ

いろいろなみじかいお話があつまっている本だよ。

お話をえらんでたのしむ

◇読みたい「お話」をもくじからえらべるからたのしいね。

よむはやさをたのしむ

◇１つ１つのお話をひといきによんでも，休み休みよんでもいいんだよ。

お話のあつまりをたのしむ

◇たのしいお話，けっさくしゅうなど，テーマに合わせたお話がたのしめるよ。

シリーズの本をたのしむ

シリーズというのは，しゅじんこうやお話のせかいがおなじ本のことだよ。

とうじょう人物をたのしむ

◇シリーズの本にでてくる主人公のいろいろなかつやくがたのしめるよ。

お話のすすみかたをたのしむ

◇お話の「すすみかた」が，にてることがおおいから，つづきがよそうできるのもたのしいね。

お話のつながりをたのしむ

◇つぎの本にお話がつながることがあるから，よむたのしみもつづいていくね。

2．昔話に出てくる人っておもしろい

ポイントシートのねらい

登場人物の特徴が一目で見て分かるように一覧にしたものです。昔話に出てくる人物は，役割が決まっているので，仲間分けすることを通して読みを広げていくことが出来ます。

ポイントシートの解説

① 昔話で活躍する登場人物の特徴に着目して仲間分け

ここでは，昔話で活躍する主人公や中心的な人物について取り上げます。

(1)えいゆう / なかまとてき　(2)しょうじきなどうぶつとずるがしこいどうぶつ
(3)よいおじいさんとわるいおじいさん　(4)神さま / おばけとふつうの人

(1)と(2)では，人間と擬人化された多彩な動物たちが登場し，それぞれの本来のイメージを生かして活躍します。（例：犬・うさぎ・蛙・狸・狐・熊・鶏・猫・鼠・馬・竜）

(3)では，重ねて読んでいくと，よいおじいさんとわるいおじいさんも分かります。

(4)では，異界の人物や人間及び人間界以外の異界からやってきた，極端化された性格や形態をもつ登場人物が活躍します。（例：巨人・小人・神・妖怪・鬼・怪物）

② 登場人物の特徴を知ることで，いろいろな昔話への興味の広がり

昔話に登場する人物の特徴を知ることによって，作品世界をイメージし展開や結末を予想しながら読むことが出来ます。「中心となる人物は？」「どんな人物が登場し，それは仲間か敵か？」「くり返しがおもしろい！」「どうやって解決するのか？」「よい人とわるい人では結末が違う」など，登場人物の特徴を整理することで，昔話の構造が見え一層読むことが楽しくなります。

ポイントシートの活用法

昔話に出てくる人物は，人間とそれ以外，例えば，動物・巨人・小人・神・鬼などと多様です。ここでは，「４種類ある！」と考えさせせるようにしています。他にも「たぬきの糸車」のように人間と動物の話，「さるかに」「かちかち山」のように動物だけの話，「三年寝太郎」「吉四六話」のように人間だけが登場する話など，登場人物の仲間分けによって，物語の構造が捉えやすくなり，おもしろく自分で昔話を読み進めていくことが出来ます。

（参考文献：井上一郎著『文学の授業力をつける―7つの授業と自己学習を進める学習資料40』／井上一郎編著・古川元視著『アクティブ・ラーニングをサポートする！学校図書館活用プロジェクト　掲示ポスター＆ポイントシート事典』）

むかしばなしにでてくる人っておもしろい

むかしばなしは，「かたり」として長くつたえられてきました！　でてくるじんぶつは，人ばかりでなく，どうぶつなどもいっぱいでてきます。どんな人やどうぶつがでてくるかな？　そのおもしろさをさがしてみましょう！

えいゆう/なかまとてき

『ももたろう』
『きんたろう』など

◇**えいゆう**
小さいけどつよい。ゆうきがありこまっている人をたすける。てきとたたかう。

◇**なかま**
えいゆうとなかよくなり，いっしょにてきをやっつける。どうぶつがおおい。

◇**てきとあくやく**
おにやばけものなど。

しょうじきなどうぶつとずるがしこいどうぶつ

『ずるいきつね』
『かちかち山』など

◇**しょうじきなどうぶつ**
思いやりがあり，なかまをたすけたりちえをはたらかせかいけつしたりする。

◇**ずるがしこいどうぶつ**
わるぢえをはたらかせて，よわいものをいじめたり，わるさをしたりするが，さいごには，いたいめにあう。

よいおじいさんとわるいおじいさん

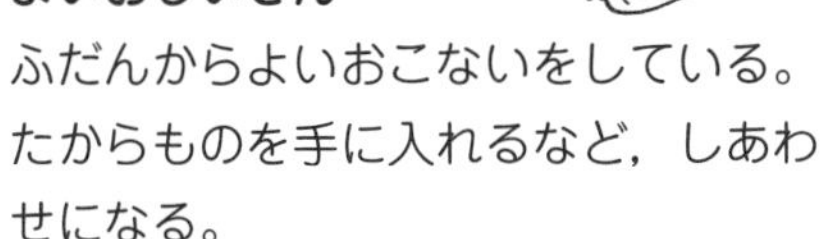

『花さかじいさん』
『こぶとりじいさん』など

◇**よいおじいさん**
ふだんからよいおこないをしている。たからものを手に入れるなど，しあわせになる。

◇**わるいおじいさん**
ふだんのおこないがわるい。よいおじいさんが，しあわせになったのを見て，じぶんもまねをするが，さいごにひどいめにあう。※おばあさんのこともある。

神さま/おばけとふつうの人

『オコゼと山の神』
『三まいのおふだ』など

◇**かみさま**
よいことをした人やこまっている人に力をかしたりたすけたりする。

◇**おばけやようかい**
人をおどかしたり，こわいめにあわせたりする。また，すがたをかえられたりしている。

3．出かけるお話かな？　やって来るお話かな？

ポイントシートのねらい

物語の展開には，「出かけて事件が起きる話」と「やって来て事件が起きる話」の2つがあることを示したものです。冒頭部→展開部【事件】→終結部という構成になっていることを理解しながら想像をふくらませます。

ポイントシートの解説

物語を読む場合には，展開など基本的な構成要素があることを，強く意識出来るようにしていくことが大切です。事件が起こる際には，「出かけていって起こる場合」と「誰かがやって来て起こる場合」があることが分かります。この理解が，これからの展開に想像をふくらませながら読み進めることにつながります。

●出かけていって事件が起きる話

主人公が出かけていくことで，その途中に出会った人物や起こった出来事がきっかけとなり，物語が展開していく話です。「あらしのよるに」「エルマーのぼうけん」などがあります。「あらしのよるに」は，嵐が止むまで暗い小屋の中で互いを知らずに過ごし，心を通わせるオオカミとヤギの物語です。

●誰かがやって来て事件が起きる話

主人公のもとへ誰かがやって来たり，あるところに主人公がやって来たりすることにより，物語が展開していきます。『おばあさんのねこになったねこ』（岡本一郎作／いもうとようこ絵，金の星社），『こびととくつや』（グリム童話）などがあります。『おばあさんのねこになったねこ』はおばあさんが以前飼っていたねこに似ているいろいろな特技をもったねこたちがやって来て，最後はおばあさんと一緒に幸せに暮らす物語です。

ポイントシートの活用法

このポイントシートを参考に読書記録シートを作成すると，より物語の展開の構成要素の捉えが深まります。このパターンのいずれかに着目してメモをしたり，どちらかのパターンに偏っていたらもう1つのパターンの本を探してみたりすることにより，読書生活が豊かになります。また，児童が何を読んだらよいか悩んだ時に，参考にするのもよいでしょう。

（参考文献：井上一郎著『文学の授業力をつける―7つの授業と自己学習を進める学習資料40』／井上一郎編著・古川元視著『アクティブ・ラーニングをサポートする！学校図書館活用プロジェクト　掲示ポスター＆ポイントシート事典』）

出かけるお話かな？　やってくるお話かな？

ものがたりをよむとき，しゅ人公やとうじょうじんぶつが，どんなふうにじけんと出あったかかんがえて本をよんでいますか。お話には「出かけるお話」と「やってくるお話」があります。それぞれのおもしろさをたのしみましょう。

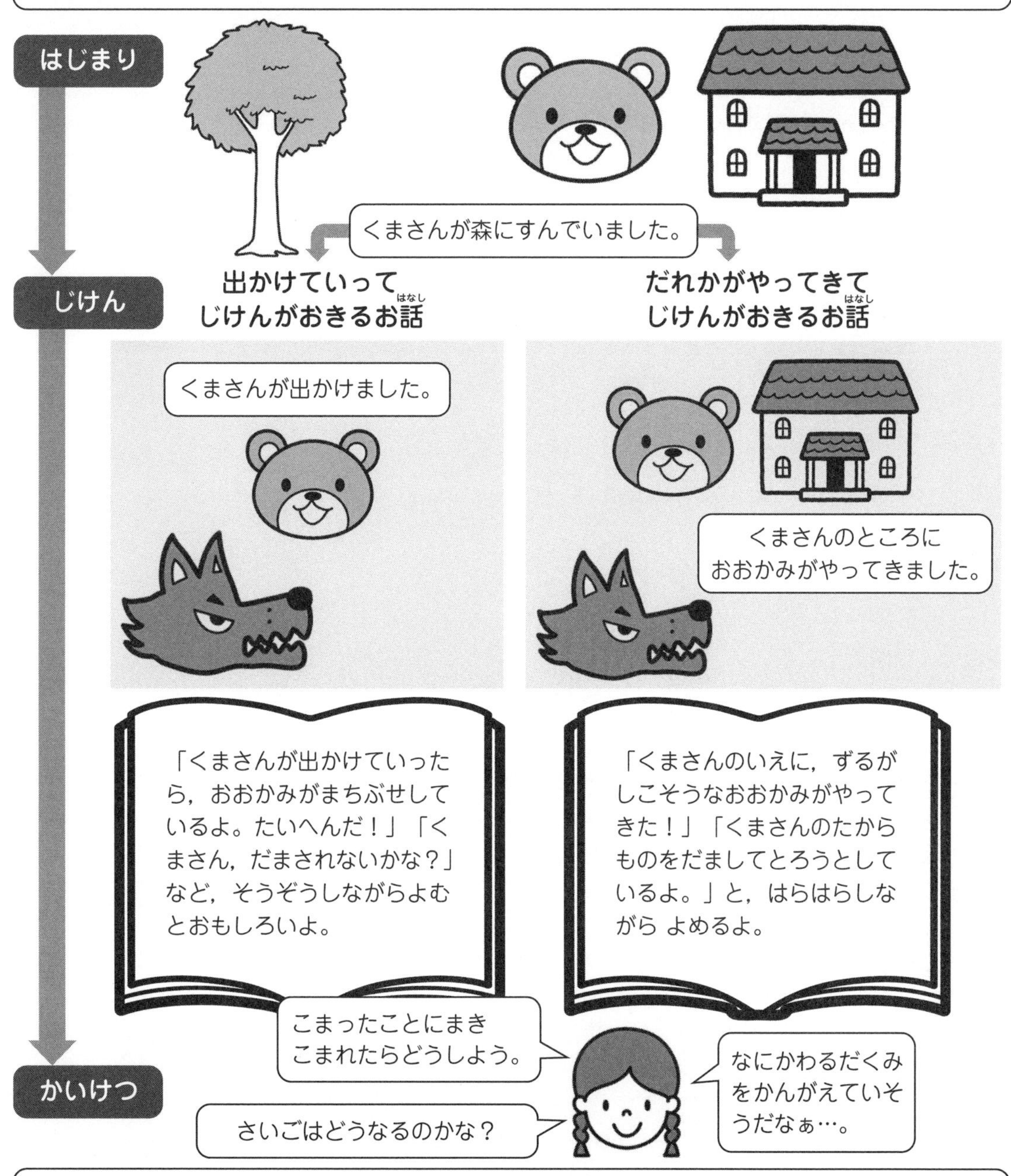

はじまり
くまさんが森にすんでいました。
じけん
出かけていって
じけんがおきるお話
だれかがやってきて
じけんがおきるお話
くまさんが出かけました。
くまさんのところに
おおかみがやってきました。
「くまさんが出かけていったら，おおかみがまちぶせしているよ。たいへんだ！」「くまさん，だまされないかな？」など，そうぞうしながらよむとおもしろいよ。
「くまさんのいえに，ずるがしこそうなおおかみがやってきた！」「くまさんのたからものをだましてとろうとしているよ。」と，はらはらしながら よめるよ。
かいけつ
こまったことにまきこまれたらどうしよう。
さいごはどうなるのかな？
なにかわるだくみをかんがえていそうだなぁ…。

ものがたりがどんなふうにすすんでいくのかがわかると，もっと本をたのしめるね！

4．読書 BINGO でお話を楽しもう

ポイントシートのねらい

昔話や物語などを，いつ，どこで，だれがなどの要素で分析的に読み進められるようにまとめたものです。

ポイントシートの解説

イメージしながら読んだり，分析的に読み進めたりするために，下にある観点のうち，９つをビンゴの形でポイントシートに示しています。

●表紙や裏表紙に着目して

・題名や挿絵から，どんなお話かを予想しよう。

・挿絵に描かれる登場人物たちは敵かな，味方かな。

・挿絵のアイテムでどんなことが出来るかな。

・次にどんな事件が起こるかを予想しよう。

●物語や昔話の展開に着目して

・はじめの言葉に注目し，昔話の世界に行った気持ちで読み始める。

・おわりの言葉で，昔話の世界から帰ってくる。

・お話の繰り返しや，いい人・悪い人の対比などが描かれているお話が多い。

●登場人物に着目して

・主人公やその他の登場人物は誰かを的確につかむようにする。

・敵はいるかな。仲間はいるかな。なかよしのお話かな。

・動物だけのお話かな。人間と動物のお話かな。

ポイントシートの活用法

ポイントシートを使う際には，真ん中の☆からスタートするとスムーズに読み進めることが出来ます。表紙に関することや，２番や５番など，主人公をはじめとする登場人物についての内容から読み始め，お話の順番や時系列について，お話の途中で起こる事件についてなど，BINGO を使って楽しみながらお話を読み進めてくとイメージを広げた読書につながります。学級文庫や学校図書館の本を活用し，チェックを入れていくことにより，お話の内容が明確になり，豊かな読書活動につながります。

（参考文献：井上一郎著『読む力の基礎・基本－17の視点による授業づくり』）

読書 BINGO でお話をたのしもう

むかし話やものがたりを読んでいるときに，もっとこのお話についてくわしくしりたいと思うときはないかな？　読書ビンゴをつかいながら読んでみよう。

5 **お話のしゅ人公がだれかわかった！** 一番目立っているのはだれかな？　他にはだれが出ているかな？	1 **どんなじけんがおきたか話せた！** じけんがおこったのはいつ？　どこでどんなじけんだったかな？	8 **すきなばめんをえらべた！** お気に入りはしゅ人公のどんなことばかな？　どんなうごきかな？
2 **しゅ人公がどんな人か言えた！** しゅ人公はなんさいくらいかな？　おこりんぼ？　あわてんぼう？	☆ **ひょう紙からどんなお話かよそうできた！**	4 **どのようにおわってほしいか話せた！** もっと書いてほしかったことはあるかな？　どんなこと？
6 **だい名が本のどこに出てくるか言えた！** しゅ人公のなまえ？　ぶたい？　テーマ？　アイテム？	3 **じけんのかいけつのしかたがわかった！** だれが，どのようにしてかいけつしていくのかな？	7 **お話と同じけいけんを思いだせた！** 「そうそうそんなことあった。」自分だったらどうする？

ひょう紙の２人はなかよしだね。なにを話しているんだろう。

なんさいくらいかな。どこにすんでいるんだろう。

5．感想を書くために，メモしながら読もう

ポイントシートのねらい

本を選び，読んでいく過程をたどりながら，読書感想文を書くために考えるとよい視点と方法例をまとめたものです。本を選ぶ時，読み進める時，何度も読み返す時など，頭に浮かんだことをメモ出来るよう，発問と解答例を示して分かるようにしました。

ポイントシートの解説

読書感想文とは，本や文章を読んで考えたことを伝える文章です。読んでいく過程をポイントシートの大見出しにしているので，1，2，3とたどっていきます。下に示した考える視点①～⑩の中から主なものを5つ，吹き出しの発問で示しています。

1　本を選んだ時

①題名　②表紙の絵
③ジャンル
④読もうと思ったきっかけ

本を選ぶところから，何らかの思いが浮かんでいるはずです。読み始める前に，題名や表紙から感じたテーマや，主人公，どのような事件が起こりそうか，選んだきっかけなどを，それまでの学習経験や読書経験と関連させながら確認します。

2　本を読み進めながら

⑤注目する登場人物と言動
⑥疑問に思ったこと
⑦共感したこと

主人公（登場人物）が，どんなことをして，どうなったのか，出来事や事件を捉えます。主人公（登場人物）と自分とを比べ，「自分なら…」と考えていきます。

3　何度も再読しながら

⑧あらすじを整理
⑨物語に描かれている世界
⑩初めて読んだ時と比べて

考えを深めるためには，何度も読み返すことが大切です。物語の世界（テーマ）は何か，初めに読んだ時と比べて自分の考えが変わったところはないかを確認します。感想文を書く際の文章構成や，感想を表す語彙の工夫，あらすじのまとめ方については，参考文献を参照してください。

ポイントシートの活用法

感想文を書く単元の導入時，このポイントシートを提示して学習の進め方を確認することが出来ます。また，物語文を読む学習で，初発の感想や，学習後のまとめの感想を書く時に，観点がいくつあるかを意識させることもよいでしょう。読後の感想を紹介し合う活動で，読み手や聞き手が感想を尋ねる際の観点としても活用出来ます。

（参考文献：井上一郎編著・古川元視著『アクティブ・ラーニングをサポートする！学校図書館活用プロジェクト　掲示ポスター＆ポイントシート事典』／井上一郎編・古川元視著『読書活動でアクティブに読む力を育てる！小学校国語科言語活動アイデア＆ワーク』／井上一郎編著　『アクティブラーニングをサポートする！小学校教室掲示ポスター＆言語能力アップシート事典』）

かんそうをかくために，メモしながら読もう

かんそう文をかきたいけれど，この本を読んだときのことが，思いだせないなあ！

本を読みながら，考えたことをメモしておかなかったのかな？　読んだあとでは，思っていたことをわすれてしまうよね。ぼくたちが，メモのしかたのヒントを，おしえるよ！

1. 本をえらんだとき

読むまえに，本のだい名や，ひょうしを見て，どう思ったかな？

「大ぼうけん」ってかいてあるから，どきどきすることがおきるのかな。

この絵は，ニャンタとケロリンかな。にこにこしているから，２人はなかよしなのかな。

2. 読みながら

じぶんも，おなじようにしたことはあるかな。

クラスがえでどきどきしていたとき，ゆう気を出した。となりのせきの子に，「なかよくしよう。」って言ったら，「うん，よろしくね。」と言ってくれて，ほっとした。

出てきたじんぶつのしたことや，話したことで，いいなと思ったことはなにかな？

ニャンタがゆうきを出して，「さっきはごめんよ。いっしょに行こう。」と言ったところが，「えらい。よく言えたぞ。」と思った。どんなぼうけんがはじまるのかなあと，わくわくした。

だれが出てきたかな？　どんなことをしたかな？

ニャンタ（しゅ人公）はじめはケロリンにいじわるだったけれど，なかなおりして，いっしょに出かける。

3. 読みなおして

メモしておくと，べんりだね。

もういちど読んでみて，はじめのときと，かんがえがかわったところはあるかな。

なんども読んでみたら，２人ともさびしがりやだったのが，わかってきた。しんせつにされると，いじわるな気もちは，なくなっていくんだな。ぼくもお友だちにやさしく声をかけよう。

6．物語を声に出して楽しもう

ポイントシートのねらい

音読を生かした劇化する活動の５つを家の絵の中に示したものです。

ポイントシートの解説

ここでは，よく取り組まれている５つの音読活動を取り上げています。

●音読劇

物語の地の文や会話文を分担し，読んで演じる劇です。言葉の響きやリズムのよさなどを感じることが出来ます。

●ペープサート

厚紙に棒を取り付け，紙の裏表に物語の登場人物を描き，物語の進行に合わせて棒を動かして演じる紙人形劇です。紙の表と裏で登場人物の異なる表情を描くことが出来るので，人形の表裏を返すことで，登場人物の行動や気持ちの変化を演じることが出来ます。

●紙芝居

物語の場面の絵を，展開に沿って揃えて重ね，１枚ずつ見せながら物語を語って進めます。登場人物の行動や気持ちの変化に合わせて一気に紙を引いたり，少しずつ引いたりするなど，読み手が聞き手の反応を見ながら物語を楽しめるよさがあります。

●人形劇

人形を使って表現する劇です。人形の種類によって，パペット，マリオネットなどに分類されます。物語を会話と地の文，ト書きなどにして台本にまとめる必要があります。ト書きには登場人物の動作や，どのようにせりふを話すのかを書きます。

●劇

観客に対して，演じ手が舞台で身ぶりやせりふで物語を演じて見せます。物語に書かれている情景や登場人物の気持ちなどを，台本を作る際にまとめ直す必要があります。

●他にも以下のようなものがあります

ストーリーテリング，読み聞かせ，ナレーション，アフレコ，朗読劇，群読，影絵劇など

ポイントシートの活用法

描かれた道をたどりながら，いろいろな読み方を試してみたり，自分が挑戦してみたい活動を見付けたりすることが出来ます。教材に合わせて活動を選びましょう。

（参考文献：井上一郎編著『話して伝わる，聞いて分かる　話す力・聞く力の基礎・基本を育てる－小学校－上巻』）

ものがたりを　声に　出して　たのしもう

すてきなおはなしにであったら，声に出してよんでみましょう。声に出してよむほうほうはたくさんあります。おんどくだけでなく，ものがたりをげきにするのもたのしいですよ。
人形げきにしたり，紙しばいにしたりして，おはなしをもっともっとたのしみましょう。

おんどくげき

やくわりをきめて，地の文やかいわ文などをだれがよむのかはなし合い，声の大きさなどをくふうしたげき。

いろいろなよみ方でよんでみよう

- はやく　ゆっくり
- 大きく・小さく
- 声の大きさ
- はなすはやさ
- 立つしせい
- まのとり方
- その人になりきって
- 声のしつ

どなり声
たかい声　きいろい声
ひそひそ声
ふとい声　ほそい声

じんぶつになりきってよんでみよう。
地の文をよむ人はたんたんと。

ペープサート

紙にかいた絵にぼうをつけて，はいけいの前でうごかしてえんじる人形げきのなかま。

ペープサートはどうつくるの？

紙にじんぶつの絵をかいて，もてるようにぼうにはりつけるよ。

紙しばい

ばめんの絵をおはなしにそってそろえ，１まいめから見せながら，せりふですすめていくおしばい。

ぱっと引きぬいたり
ゆっくり引いたり，
めくり方もくふうしよう！

人形げき

ものがたりを，かいわと地の文，ト書きなどにして台本にまとめ，人形のうごきやせりふであらわしたげき。

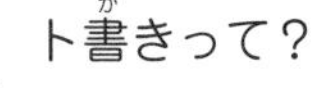

ト書きって？

えんじる人が，どんなふうにはなすのか書かれているよ。

よろこびました。
（とびあがって大きな声でさけぶ）

台本をつくろう

①じんぶつとナレーターにわける。
②地の文をきめる。
③せりふをきめる。
④どうさやはいけいをかえる。
⑤しょうりゃくする。

げき

ものがたりのやくを，うごきとせりふでえんじるもの。

7．お気に入りの物語を見付けて，紹介しよう

ポイントシートのねらい

お気に入りの物語を紹介する文を書き，紹介するまでのプロセスをまとめたものです。お気に入りの物語を紹介し合うことで，読書に親しんだり，読書の幅を広げたりすることが出来ます。

ポイントシートの解説

●「お気に入り」を見付ける

「お気に入り」を見付けるためには，物語のおもしろさに着目させる必要があります。ポイントシートでは４つを紹介しましたが，他にも以下のような視点があります。

【物語のおもしろさ】
・題名　・登場人物の名前　・情景描写　・登場人物の行動　・登場人物の性格
・登場人物の気持ちの変化　・会話文　・音や様子を表す言葉
・繰り返し出てくる言葉　・書き始めや書き終わりの言葉

●紹介文を書く

ここでは，「おおきなかぶ」を例に挙げてモデル文を示しました。「しょうかい文に書くこと」から，紹介する相手や目的に合わせて書く内容を決めます。

●発表形式を選択する

様々な発表方法が考えられますが，ここでも「だれに，どんな目的で紹介するか」といった相手意識や目的意識を明確にし，それに合わせて発表形式を選択することが大切です。

【例】

相手	目的	紹介の形式
クラスの友達	クラスでお気に入りの本を共有し，読書の幅を広げるため。	紹介文集を作り，クラスの本棚に置く。

ポイントシートの活用法

お気に入りの物語を見付けるためには，学校図書館に行ったり，これまでの読書記録を振り返ったりしながら探すとよいでしょう。紹介文を上手に書けない場合には，お気に入りの理由や紹介する相手・目的を再確認することによって，紹介文をイメージしやすくなります。作った紹介ポスターやカードを学校図書館や学級文庫に貼っておくと，児童の意欲付けにもつながります。　（参考文献：井上一郎編著『小学校国語　「汎用的能力」を高める！アクティブ・ラーニングサポートワーク』）

お気にいりのものがたりをみつけて，しょうかいしよう

お気にいりのものがたりをみつけて，しょうかいしてみよう。どうやってしょうかいすればいいかな？

1. いままでによんだものがたりからお気にいりをきめよう!

だいめいがおもしろくてすきだな。

出てくる人のせいかくがすきだなぁ。

出てくる人がおもしろいことをするよ。

ストーリーがおもしろいな。

どきどきわくわくしながらよめるよ。

2. しょうかい文を書いてみよう

みなさん、「おおきなかぶ」って、どれくらいの大きさだとおもいますか。サッカーボールくらい？　それとも、きょうしつのつくえくらい？
わたしのお気にいりのものがたりは「おおきなかぶ」です。このおはなしは、がいこくのむかしばなしです。おじいさんたちが、なんどもなんどもかぶをぬこうとするところが、とってもおもしろいです。
おじいさんが、「おおきな、おおきなかぶになれ。」といいながらまいたたねは、とてつもなくおおきなかぶになりました。おじいさんひとりではぬけません。おばあさんをよんでもぬけません。
「うんとこしょ、どっこいしょ。」
かぶはいったい、いつぬけるのでしょうか。…

【しょうかい文に書くこと】
・本のなまえ
・かいた人のなまえ
・あらすじ
・よんだきっかけ
・お気にいりのりゆう
・おもしろかったところ
・お気にいりのことば
・よんでおもったこと
・よみおわったときの気もちのへんか
・みんなにおすすめしたいところ
など

【しょうかい文に書くこと】からいくつかえらんで書くといいぞ！

3. 書いたしょうかい文をはっぴょうしよう

みんなこれで「お気にいりしょうかい」はバッチリだね！

みんなのしょうかい文をまとめて，クラスの本だなにおいてみよう。

書いたしょうかい文をつかって，「どくしょしょうかいカレンダー」や「どくしょしょうかいポスター」を作ろう。

小さなカードにしょうかい文を書いて，としょかんや教室にはってもらおう。

しょうかい文を声に出してよんでつたえてみよう。

しょうかい文を手紙にして，「どくしょゆうびん」としてこうかんするのもすてきだね！

8．読書の記録を付けよう

ポイントシートのねらい

物語の読書記録を付ける例を４つまとめたものです。記録を付けておくことで，どのような本を読んでいたか，その時に自分がどんなことを思っていたかをたどることが出来ます。

ポイントシートの解説

本のキャラクターが，４つの記録例の特徴や使い方を紹介しています。どの形式でも，下に示した項目①～③は必ず書くようにします。さらに，読書記録をどのように活用するかに合わせて，④～⑦の項目を選んで入れるとよいでしょう。

① 書名　② 作者名　③ 読んだ月日（読みはじめた日，読み終えた日）
④ 読んだ感想（感想のマークでもよい）　⑤ 心に残った場面，言葉や文
⑥ 本のキーワード　⑦ 読んだ冊数，ページ数

●１枚ずつのカード形式

短時間で手軽に記入出来るので，入門期にも活用出来ます。個々の箱や袋に集めておき，後で分類する活動に生かすことも出来ます。カードの形や記入項目をアレンジすると，友達と交換する名刺になったり，全員のカードを集めて楽しい掲示が出来たりします。

●作品を作るためのカード形式

自分が読んだ本を紹介する読書活動で，枚数を沢山集めて作品を作っていくためのカードです。登場人物の特徴やあらすじ，感想など，伝えたい内容に応じて項目を決めます。

●一覧表の形式

読んだ月日順に記入するので，自分の読書履歴を振り返ったり，印象に残った本を選んだりする時，これからの読書計画を立てる時などに活用出来ます。

●読書リスト形式

児童自身が主体的に読書計画を立てたり，本を集めたりする活動にも有効です。「シリーズの本」「同じ内容の本」「同じジャンルの本」などからテーマを決めます。

ポイントシートの活用法

読書活動の導入時にこのポイントシートを見ながら，どの記録の仕方がよいかを話し合うと，活動の見通しをもつことが出来ます。記録することが負担にならないように配慮します。

（参考文献：井上一郎編著『読書力をつける　下巻　－読書活動のアイデアと実践例16－』『ブックウォークで子どもが変わる』）

どくしょのきろくをつけよう

今までどんな本をよんできたか，わすれてこまったことはないかな。よんだ本のだい名，さくしゃ，思ったことなど，きろくをのこしておくとべんりだよ。きろくのしかたは４つあるので，どれをつかうか，えらんでみてね。

１まいずつのカード

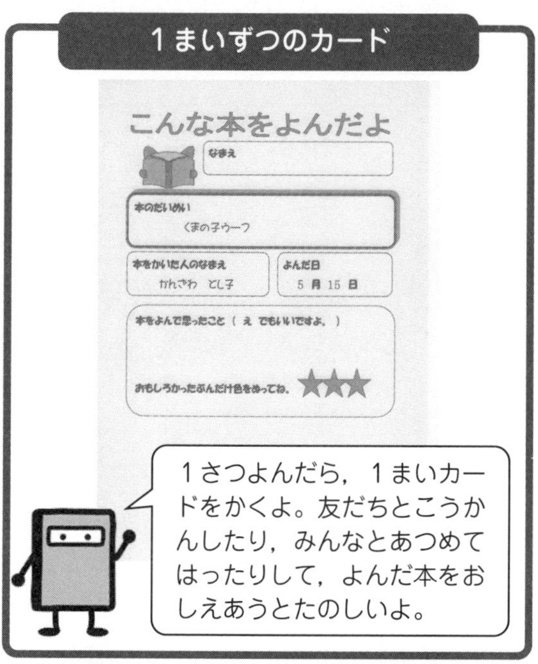
こんな本をよんだよ
なまえ
本のだいめい　くまの子ウーフ
本をかいた人のなまえ　かんざわ　とし子
よんだ日　５月１５日
本をよんで思ったこと（え でもいいですよ。）
おもしろかったぶんだけ色をぬってね。★★★
１さつよんだら，１まいカードをかくよ。友だちとこうかんしたり，みんなとあつめてはったりして，よんだ本をおしえあうとたのしいよ。

さくひんをつくるためのカード

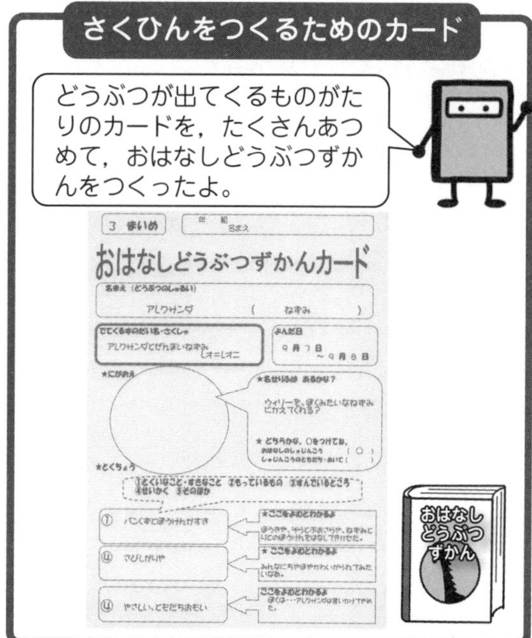
どうぶつが出てくるものがたりのカードを，たくさんあつめて，おはなしどうぶつずかんをつくったよ。
３　まいめ
おはなしどうぶつずかんカード
アレクサンダ（ねずみ）
アレクサンダとぜんまいねずみ　レオ＝レオニ
９月７日　〜９月８日
おはなしどうぶつずかん

一らんひょうノート

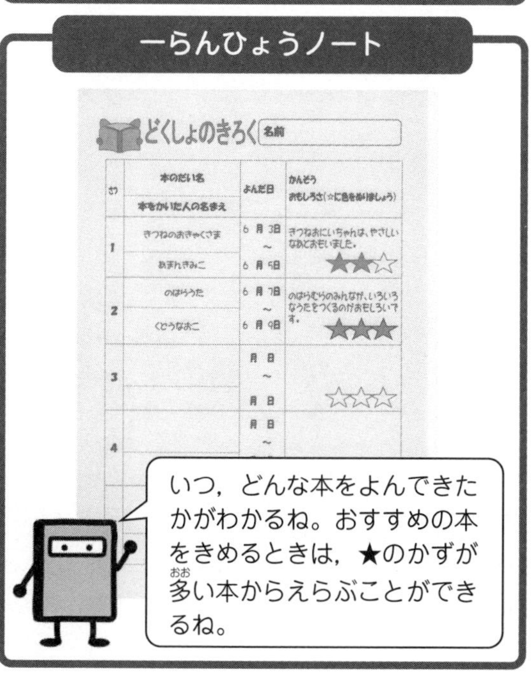
どくしょのきろく　名前

さつ	本のだい名／本をかいた人の名まえ	よんだ日	かんそう おもしろさ（☆に色をぬりましょう）
1	きつねのおきゃくさま／あまんきみこ	６月３日〜６月５日	きつねおにいちゃんは，やさしいなあとおもいました。★★☆
2	のはらうた／くどうなおこ	６月７日〜６月９日	のはらむらのみんなが，いろいろなうたをつくるのがおもしろいです。★★★
3		月　日〜月　日	☆☆☆
4		月　日〜	

いつ，どんな本をよんできたかがわかるね。おすすめの本をきめるときは，★のかずが多い本からえらぶことができるね。

テーマをきめたどくしょリスト

日本のむかしばなし

よんだ本は，□に色をぬりましょう。

- □ いっすんぼうし　月　日
- □ かちかちやま　月　日
- □ ちからたろう　月　日
- □ いなばの白うさぎ　月　日
- □ ももたろう　月　日
- □ かさじぞう　月　日

テーマをきめて，よみたい本のリストをつくると，これからどんな本をなんさつよむか，めあてをもつことができるね。

9．シリーズを読もう

ポイントシートのねらい

「シリーズ読み」の楽しさを味わうために，読みの視点を４つにまとめたものです。

ポイントシートの解説

右ページのポイントシートに示された４つの観点について，児童の具体的な姿を示しながら，次の点に着目して読み進めていくようにします。

● **「主人公がどんな人なのか性格や特徴」に着目する**

シリーズに登場する主人公は特徴的な人柄，容姿などをもっています。シリーズを読む際に児童が主人公の人柄や容姿に着目して読み，それぞれの項目をワークシートに整理していくことで，より楽しくシリーズ本を読むことが出来ます。

● **「地図とお話の進み方をつなげる」に着目する**

シリーズには，多くの舞台が出てきます。何度も登場する舞台や，１度限りの舞台があります。同じ舞台でも，前に登場したお話とは全く異なる話の進み方をしたり，１度限りの登場で特別な場所として扱われたりします。「○○シリーズの○○マップ」として教師が用意したお話の地図を児童が記述し整理しながら読み進めていくことで，楽しむことが出来ます。

● **「お話の進み方の似ているところを見付ける」に着目する**

シリーズ本は話の進み方が共通しているものが多くあります。外に出かけると事件に合ったり，１つの道具を基に解決したり，必ずハッピーエンドを迎えたりするなど，１つのシリーズの共通した進み方を児童が見付け，整理していくことで，話の展開を予測し「わくわくしながら読む」ことが出来ます。

● **「登場人物同士のかかわり方」に着目する**

シリーズの中には主人公を核とした登場人物のかかわりがあります。主人公の敵なのか，味方なのか，味方同士のつながり，敵同士のつながり，味方と敵とのつながりなどを，人物相互の関係を図などに整理していくことで，登場人物にも着目した本の楽しみ方が出来ます。

ポイントシートの活用法

「シリーズ読み」を始める前に，自分がどの視点に沿って読み進めていくのか，ポイントシートの看板に提示された，視点の中から１つ，もしくは複数選択し児童がポイントシートを活用しながら読書活動を主体的に進めていくことが出来ます。

（参考文献：井上一郎編著・古川元視著『アクティブ・ラーニングをサポートする！学校図書館活用プロジェクト　掲示ポスター＆ポイントシート事典』）

シリーズを読もう

お話のなかみはちがうけれど，おなじ作者が書いていて，おなじとうじょう人ぶつや，にているお話のすすみ方をしているのを「シリーズ」っていうんだよ♪
「シリーズ」の楽しみ方のあん内をするね♪

シリーズ読みの楽しみ方のごあん内

楽しみ方	みんなが知っている本での楽しみ方
主人公がどんな人なのか，せいかくや，とくちょうにちゅう目すると楽しいよ♪	「王様シリーズ」 王様は食べるのが大好き，なまけもので，楽しいことが大好き。みんなにあいされている王さまだね。
地図とお話のすすみ方をつなげて読むと楽しいよ♪	「松井さんシリーズ」「エルマーシリーズ」 松井さんはいつもふしぎなせかいに行っているね。どうぶつが出てきたり，また同じ場所に行ったり，シリーズをとおして楽しめるね。はじまりはいつもいっしょだね。
お話の進み方のにているところを見つけると楽しいよ♪	「ハリーポッターシリーズ」 ふだんの生活にじけんがおきて，いろいろなとうじょう人ぶつといっしょにかいけつしていくね。どのお話も，さい後は平和になって終わるね。
登場人物どうしのかかわり方にちゅう目すると楽しいよ♪	「ふたりシリーズ」「ぐりとぐらシリーズ」 何かこまったことがあると，いつもなかまがたすけてくれるね。新しい人にも出会えて，次はどんな楽しいお話がまっているのだろうね。

10. ファンタジーを楽しもう

ポイントシートのねらい

児童が空想の物語であるファンタジー作品を読む際に，ファンタジー作品を入り口から出口まで楽しめるようにしたものです。ファンタジー作品は，現実世界にはありえないことが起こったり，魅力的な人物が出てきたりします。その世界を楽しむための方法を学びます。

ポイントシートの解説

ファンタジー作品の楽しみ方には，登場人物に同化したり，現実世界では想像も出来ないことが起こる世界を主人公と一緒に楽しんだりしながら読んでいきます。ここでは，ファンタジー作品の楽しみ方を４つ取り上げています。

①　ファンタジーの不思議な世界への入り口を探そう

児童がファンタジーを読み始めていくと，ファンタジーの入り口を見付けます。不思議な世界へ入る時には穴に落ちたり，嵐が起こったりします。どこから不思議な世界が始まるのか意識させてください。

②　魅力をもった人物と出会おう

ファンタジーの世界に入ると冒険が始まります。ファンタジーの世界には，様々な魅力的な人物が出てきます。主人公と一緒に冒険を楽しみます。

③　現実には起こらないことを楽しもう

現実には起こらないことがファンタジーの世界には起こります。魅力的な人物とともに冒険をし，クライマックスをどのようにむかえるのか，想像力を働かせながら読み進めていきます。

④　ファンタジーの世界から帰ってくると…

ファンタジーの世界を冒険した主人公が現実の世界に帰ってくると，成長していたり，変化していたりします。どこが変わったのか，最後に考えられるようにします。

ポイントシートの活用法

ファンタジー作品の楽しみ方として，ファンタジー作品の構成を意識させたい時は１と４の飛行船を見て指導します。ファンタジー作品の物語のおもしろさを読み取っていく時には，２と３の飛行船を見ながら指導していきます。冒険もののファンタジーでは，魅力的な人物と同化しながら読むことを重視します。日常生活に近いファンタジーでは，入り口や出口，主人公の変化を重視して活用します。

（参考文献：井上一郎著『文学の授業力をつける－７つの授業と自己学習を進める学習資料40』）

ファンタジーを楽しもう

ファンタジーの世界をどのように楽しめばいいのかな。楽しみ方を教えるよ。
さあ飛行船に乗ってぼうけんの始まりだ。

1
ファンタジーの
ふしぎな世界への
入り口を探そう

ふしぎな世界へは入り口があるよ。どこからファンタジーが始まるのか，探しながら読もう。

時間が止まって，辺りが静かになると，みたこともないドアが出てきた。ここからふしぎな話が始まると思うとドキドキしたよ。

2
みりょくをもった
人物と出会おう

ファンタジーにはふしぎなみりょくをもった人物がたくさん現れる。どんな活やくをするのだろう。

巨人や，空飛ぶ犬がそれぞれ自分の強みを生かしてぼうけんが進んでいき，次はどんなみりょくある人物が出てくるのか楽しみながら読めるよ。

3
現実にはおこらないことを楽しもう

現実にはおこらないことがおこったり，おそろしいことがおこったりする世界に行けるよ。

ふしぎな家で出会った友だちがこんなことをするなんて。クライマックスにはとてもおどろいた。

ファンタジーの世界でぼうけんして帰ってくると，現実世界が変わっているよ。その変化を楽しもう。

ぼうけんを終えて帰ってくると，主人公の心が強くなっている。ぼうけんのおかげなのか，その変化がおもしろかった。

11. 登場人物カードゲームをしよう

ポイントシートのねらい

物語の主人公だけでなく，様々な登場人物に着目できるようにカードを利用してまとめたものです。登場人物の「性格」や物語の中で果たす「役割」について考えていくと，物語がより一層おもしろく感じたり，登場人物がもっと好きになったりします。

ポイントシートの解説

児童が好きなカード形式のゲームなので，意欲的に取り組みます。

カードは**「登場人物名」**と，その登場人物に合った**「性格カード」「役割カード」**があります。物語（5つ位）に出てくる登場人物をカードに書き出し，その登場人物に合った性格カードと役割カードを用意しておきます。児童自身で考えてカードを作ることも可能です。

右のポイントシートでは，「基本のルール」を示してあります。下のように，ルールをアレンジすることも可能です。

● 「登場人物カードゲーム」のルールアレンジ紹介

- ・**性格カード**のみでゲームする。（**役割カードのみ**でゲームする。）
- ・取ったカードの**枚数で勝負**する。
- ・**得点を変える。**（3点のカードを○枚作れる。2点のカードを△枚作れる。等）
- ・**親を固定しない。**（1ターンごとに，時計回りに親を変える。）
- ・早い者勝ちではなく，**1人ずつ順番にカードを取る。**（差が開きにくい）
- ・場（机の上）にカードを置くのではなく，**それぞれが手札として持っている。**

※この場合は，できるだけ多くのカードを持っていると有利になるので，児童は自然と多くのカードを作り，語彙を増やしていく。

- ・性格カード（または役割カード）を山札とし，登場人物名カードを取る。

※基本的に「性格」とは，不変。物語全体を通して変わらないもの。1つとは限らない。

※役割の例：相棒，進行役，相談役，門番，使い，知恵を与える，力を与える，助けを求める，まどわす，なごませる，人気者，嫌われ者，犠牲者，認め合う存在等

ポイントシートの活用法

物語のおもしろさを**「登場人物」に焦点を当てて**考えたり伝えたりする時に活用出来ます。児童自身でカードを作る場合，性格カードに「ころころ変わる」「うるさい」や，役割カードに「母」「仲間」等を書く児童がいるので，性格語彙や役割の解釈の指導が必要となります。（母として，仲間として，どのような役割を果たしているのかを具体的に考える。）

登場人物カードゲームをしよう

もし教室の友達がみんな同じ性格だったら，つまらないよね。物語も同じさ。**「主人公でなくても，登場人物はみんな“みりょく的”！」**
カードを作って，**登場人物に強くなろう**！

1 「登場人物カードゲーム」ルール説明！

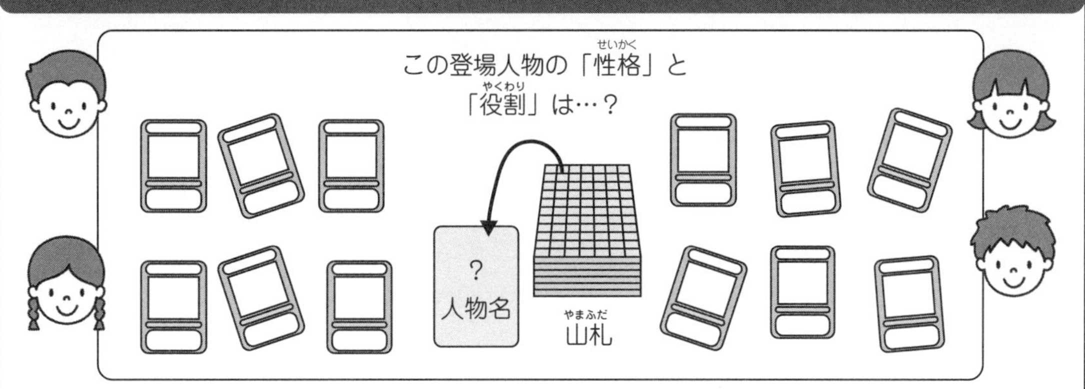

① **3～5人のグループ**を作り，**親（しんぱん）を1人**決めます。
② 場（つくえの上）に**カードをバラバラ**におきます。（20～30まい）
※カードは**2しゅるい**です。**性格（せいかく）カード**と**役割（やくわり）カード**です。
③ グループに1つ，いろいろな**登場人物の名前が書かれた山札**をシャッフルしておきます。
④ **親**が，**山札からカードを1まいひきます。**
⑤ **グループのメンバー**が，書いてある**登場人物にピッタリのカード**をさがして，**取ります。**
※**2まいを早くとったもの勝ち**です。性格カードと役割カードを**1まいずつ**取ります。
⑥ カードを取った人が，そのカードを取った**理由**を話します。
⑦ 親が，**ジャッジ**をします。なっとくしたら**カードゲット**！（カードに点数が書いてある）
⑧ ④から，くり返し。1番多くのとく点をゲットした人の勝ち！

2 カードをたくさん作って，ゲームしよう♪

性格カード	性格カード	役割カード	役割カード
この人物の性格は，**勇気がある**	この人物の性格は，**こわがり**	この人物の役割は，**ヒーロー**	この人物の役割は，**わるもの**
理由を言えたら1点	理由を言えたら1点	理由を言えたら2点	理由を言えたら2点

〈例〉はずかしがりや・親切・どじ・しんちょう・だいたん・おくびょう・わがまま・しょうじき…

〈例〉主人公・てき・しっかり者・変わり者・楽しくさせる・あんないやく・ライバル・親友

12. 物語の展開と場面の変わりめを知ろう

ポイントシートのねらい

「物語の展開と場面の変わりめを知って」読んでいく方法をまとめたものです。上段には物語の展開の仕方を，下段には場面の変わりめを知るポイントを示しています。

ポイントシートの解説

中学年では，物語の構成が分かること，「なか」の場面が大切と分かること，場面が変わったことやつながり方が分かることが大切です。そこで，１読目で「物語のてんかい」をつかみ，次に「場面の変わりめ」で場面の移り変わりを見付けて詳しく読んでいきます。

●「物語のてんかい」では「はじまり」「なか」「おわり」という言葉で示しました。

はじまり	語り手は誰かを把握させる。 状況設定や場面設定（時代背景・季節・時間・登場人物）を押さえる。 ある「できごと（事件）」が起きる。冒頭との境目を見付けることが大切。
なか	事件の解決のための「できごと（挑戦）」の後に，解決（山場）へと向かう。 解決のための「できごと（挑戦）」は，何回か繰り返されることが多い。 いくつあるのか押さえ，それをきっかけに何が変わったかなどを整理して読む。 最も多くの場面が費やされる。
おわり	解決した後の主人公の心の成長，後日談が語られる。

●「場面の変わりめ」を捉えるポイントでは，中学年の児童に捉えやすいように４つを示しました。特に，「なか」の部分の「場面の変わりめ」を捉えることが大切です。

① 「時間がたった時」とは，時代・季節・月日・時間など。１行で何年も経ってしまうこともあれば，たった数分間がいくつもの場面を使って書かれていることもある。

② 「場所が動いた時」③「出てくる人が，入れ変わった時」④「状況が，変わった時」

（他にも，⑤ 「心情が変化した時」などがあります。）

ポイントシートの活用法

ポイントシートの上段「物語のてんかい」を使って，物語の構成を捉え，「できごと（事件）」は何かを押さえます。創作物語を書く時には，この「てんかい」に沿って情報収集し，構成を考えさせます。ポイントシートの下段「場面の変わりめ」を使って，場面が変わったことを押さえ，場面と場面の関連を考えながら読ませていきます。

（参考文献：井上一郎編著『読解力を育てる！小学校国語　定番教材の発問モデル　物語文編』）

物語のてんかいと場面の変わりめを知ろう

物語は，どのように進んでいくか分かりますか？　はじめに大きな「できごと（じけん）」が起きます。それをきっかけに物語が動き出し，その「できごと」がつながったり，まとまったりして〈おわり〉まで進んでいきます。「できごと」を中心に物語を大きくとらえることが大切ですね。

物語のてんかい

〈はじまり〉
登場人物やいつもの様子がしょうかいされる。→
「できごと（じけん）」が起きて，〈はじまり〉のじょうきょうが変わる。

〈なか〉
かいけつのための「できごと」を起こす。→
「できごと」をくり返していく（山場）→
かいけつする。

〈おわり〉
かいけつした後の様子や人物の変化が語られる。

場面 １・２・３・・・・・・・・・・

場面の変わりめ

「場面」とは，「物語」の中の小さな区切りです。場面の変わりめと場面と場面のつながりに気を付けながら読むことが大切です。

○時間がたったとき

時代　・それから20年がすぎた。
きせつ・～。やがて雪がふり，冬になった。
月日　・次の日　・３か月後　・来る日も来る日も

○場所が動いたとき

・サトシは，地図を見ながら森の中を進んでいった。……。
……………。急に，切り立ったがけの上に出た。
・ウサギは，げんかんから台所へ行きました。

○出てくる人が，入れ変わったとき

・……。「早く行こう。」マコトたちが，あわてて公園を出て行った後，あかねが反対側から公園にやってきた。……。

○じょうきょうが，変わったとき

・そのとき，とつぜんキツネがあらわれた。
・その言葉を聞いたとたん，ひでとは泣き出した。

13. 主人公や登場人物のつながりの変化を見付けながら読もう

ポイントシートのねらい

主人公に着目して読む際に，主人公や登場人物のつながりの変化を３つのプロセスにまとめたものです。どのように変わったのかをつかむことで，より主人公の気持ちを味わっていけるようにします。

ポイントシートの解説

●主人公と登場人物との関係

物語の冒頭部の状況設定における主人公と登場人物のつながりを図に表し，どんな関係になっているのか整理していきます。主人公の特徴を把握し，登場人物とのつながりを図に表し，どんな関係なのかを書き込みます，文章だけでは読み取りにくかった主人公の仲間関係や敵対関係など，主人公や登場人物とのつながりが見えてきます。

●主人公の内面の変化や成長

物語の中で起きる出来事や人との出会いによって変わる主人公の変化や成長の様子を３つのプロセスで示しています。全体から俯瞰して読んだり，部分の行動描写や会話，情景描写を細やかに読んだり，前後をつなげて考えていくことで，何をきっかけに人のつながりが変化していったのか，読む楽しさを深く味わっていくようにします。

A：ある出来事をきっかけに，主人公と登場人物の関係が大きく変わる。

B：出来事や人との関わりを通して，主人公が少しずつ成長していく。

C：主人公が異界へ行き，そこでの体験で成長し，現実の世界に戻ってくる。

ポイントシートの活用法

物語の冒頭部で説明される登場人物の状況設定（いつもの安定したつながり），それが，出来事・事件・挫折等をきっかけとして，人とのつながりが変化していくことを３つのプロセスに着目して整理します。主人公の人とのつながりが変わる生活や内面の成長に気付いていく読みへと深めていきます。

（参考文献：井上一郎著『読む力の基礎・基本－17の視点による授業づくり－』）

主人公や登場人物のつながりの変化を見つけながら読もう

まずは，主人公の特ちょうを見つけよう！　そして，主人公や登場人物の関係（けい），主人公に起きるできごと，その後の主人公の気持ちを考えていくと，人とのつながりの変化や主人公の心の中の変化が見えてくるよ。

主人公や登場人物はどんな人かな？　どんなふうに変わっていくかな？

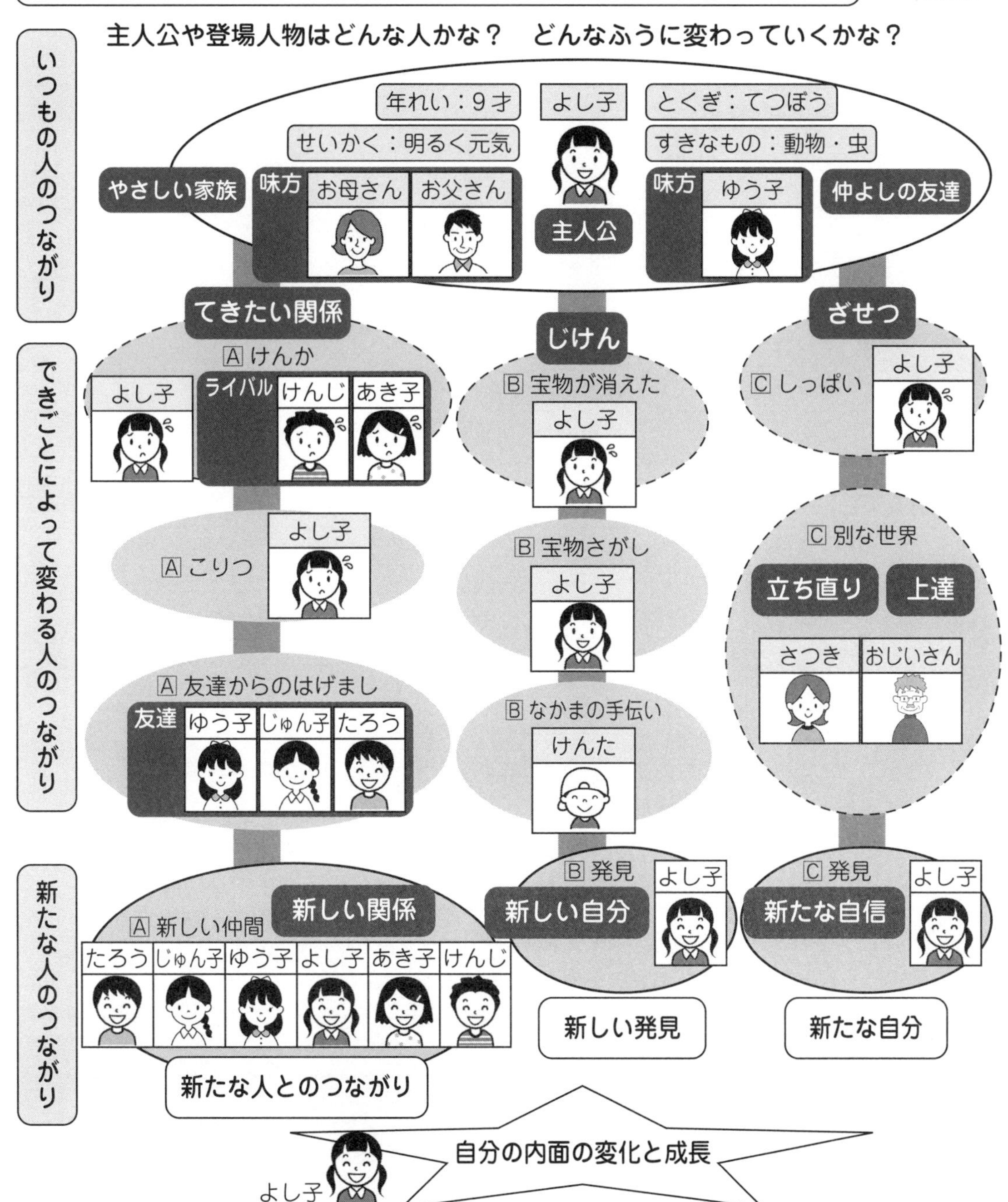

14. 何のために引用するのかをはっきりさせて，引用しよう

ポイントシートのねらい

引用する際に，重要となることを４つのプロセスでまとめたものです。ルールを理解し，目的に合った引用を行えるように，具体例を挙げながら説明する工夫をしています。

ポイントシートの解説

引用は，目的を明確にして，行うことが大切です。ここでは，目的の設定から，実際に表記するまでのプロセスに応じて，引用のポイントを説明するように示しています。

●【プロセス１】引用の目的を明確にする

引用の目的には，話題提供，概要の説明，根拠など様々な目的が考えられます。今回は，紹介したい物語の楽しさや素晴らしさを伝える根拠として引用することを想定しています。

引用する目的の例	
・作品のおもしろさを紹介する ・好きな作者の特長や作風を紹介する	・表現の工夫の素晴らしさを紹介する ・物語の大体の内容を紹介する

●【プロセス２】引用する目的に合わせて，資料を選んだり，引用する箇所を決めたりする

引用する目的の例	引用することが想定できる箇所の例
・作品のおもしろさを紹介したい ・表現の工夫の素晴らしさを紹介したい	・自分の伝えたいことの理由となる本文（登場人物の行動・会話・心情描写・情景描写・オノマトペ等）
・作者の特長や作風のおもしろさを紹介したい	・自分の伝えたいことに合う，同じ作者の複数の作品の本文
・物語の大体の内容を紹介したい	・作品のあらすじ

●【プロセス３】自分の考えを伝える様式や内容に合わせて，引用の仕方を選ぶ

・本文を「　　」に包んで正確に引用する。（直接引用）

・本文全体から，目的に合った内容を要約して引用する。（間接引用）

●【プロセス４】引用して記述する際のルールを確認する

・引用した作品の情報（題名，作者，出版社，出版年）を明らかに示す。

・引用文は，書く文章全体の中で，２割以下となるようにする。

ポイントシートの活用法

引用の４つのプロセスを理解するという活用の仕方に加えて，児童の課題に合わせて，必要な部分（巻物）のみを焦点化して提示するという活用も出来ます。

（参考文献：井上一郎著『読む力の基礎・基本－17の視点による授業づくり－』）

何のために引用するのかをはっきりさせて，引用しよう

引用をするためには，なぜ引用するのかという目的を明確にする必要があることは知っておるか？　目的によって，引用の仕方や書き方も変わるんじゃよ。

そうなんだ！　知らないことがいっぱいあるなぁ。どうしたら引用の仕方が分かるのかな？

引用は，下の巻物に書いている４つの順番を守ってやればよい。やってみるのじゃ。

～引用４つの心得～

①何のために，引用するの？

☆作品のおもしろさを紹介したい

例：ごんと兵十の気持ちが最後に通じ合うおもしろさと悲しさを伝えたい

☆表現の工夫のすばらしさを伝えたい

例：登場人物の気持ちが伝わる音や景色，言葉の工夫のすごさを伝えたい

☆好きな作者のおもしろさを伝えたい

例：・人間と動物のふれ合いをえがいている
　　・命のつながりを大切にしている

☆物語の内容をかんたんに伝えたい

例：あらすじで伝える

②何から探せばいいの？

☆自分の考えとつながる本文の言葉

☆音や様子を工夫して伝えている言葉

例：「ドン」「ばたり」「ぐったり」

☆登場人物のせいかくや気持ちとつながる工夫した表現

例：「兵十は，火なわじゅうをばたりと取り落としました。」
　　「月のいい晩でした。」

☆自分の読んだ作品と同じ作者の作品

☆作者について書いている資料

例：・インタビュー記事
　　・「○○○の世界」等の作者についての本

どこから引用したじょうほうか，分かるように記録おくことも大切じゃ！

③どうやって引用するの？

☆引用の前に説明する（直接引用）

例：作者の新美南吉さんの「悲哀は愛に変わる」という言葉からも悲しさの中にも心温まる作品を書く理由が分かります。

☆「　」に包んでそのままぬき出す（直接引用）

例：「ばたりと，取り落としました」から兵十の後悔が伝わります。

☆内容をまとめて引用する（間接引用）

例：気持ちが伝わらなくても，兵十に食べ物をとどけるごんのすがたに，よろこばせたいという強い思いを感じました。

④どのように，書けばいいの？

☆引用した書名，作者名，出版社名，出版年等を正しく書こう！

例：「本の題名」（作者名，出版社名，出版年）

☆文章全体の文字数の２割以下の文字数を引用しよう！

例：400文字の文章なら80文字より少なく引用する

引用には，気を付けることがたくさんあるんだね！　目的に合った引用をして，物語の楽しみ方を広げよう！

15. 目的をはっきりさせてあらすじにまとめよう

ポイントシートのねらい

あらすじを活用し，いろいろな文章様式に合わせて書く方法をまとめたものです。ここでは，感想文と紹介文にまとめる２つの活動別に，あらすじのまとめ方のポイントを紹介します。

ポイントシートの解説

このポイントシートでは，言語様式を「読書感想文」と「紹介文」の２つを取り上げます。あらすじとともに，構成や表現などにおいて様式の違いが反映されます。

読書感想文　ステップ①　登場人物の人がらを中心に感想をまとめよう

何のために，誰のためにあらすじを書くのか，目的を明確にします。目的によって書く分量と原本の扱い（範囲），書き方が変わります。

読書感想文　ステップ②　あらすじにまとめよう

自分が伝えたい人がらに応じて，取り上げたい会話描写や行動描写を入れます。伝えたいことが明確にあらすじに表れます。他にも，次にまとめた視点を加えていくとより深まります。

○はじめに主人公を決め，次にあらすじに物語の中の登場人物のだれを登場させるかを決めよう。
（例えば３人に決めるなど，人数を絞ると伝えたいことを意識して物語を読解することが出来ます。）
○重要な会話描写や行動描写を探してみよう。
（ファンタジーには主人公の会話や行動が物語の中で重要な鍵となっていることがあります。）

紹介文　ステップ①　話の展開のおもしろさをまとめよう

目的や相手を明確にするためです。他にも，次のような観点でまとめることが出来ます。

○題名　○繰り返し出てくる言葉　○情景描写　○キーアイテム　など

紹介文　ステップ②　あらすじにまとめよう

目的を明確にしてまとめていきます。書く力を付けるためにもまずは，あらすじを最後まで作ることが大切です。そして，結末まで書くのか，書かないのかを決めます。紹介の場合，結末を書かずに読者の興味を引くように工夫することもあります。

ポイントシートの活用法

物語を読んで，話の内容を捉え，伝えたいことが明確になるよう精読をしていきます。そしてこのポイントシートを使って，様式の案内を手がかりに観点をもってあらすじにまとめていきます。自分の伝えたいことに応じてあらすじにまとめていく術を体得させていきます。

（参考文献：井上一郎著『読む力の基礎・基本－17の視点による授業づくり－』）

目的をはっきりさせてあらすじにまとめよう

ウーフのどんなことでもたくさん考えるところがねばりづよくてかわいいな！　感想文に残しておきたいな。

ウーフは最後にはちゃんと答えをみつけたんだ！　まだ読んだことない人に紹介文で知らせたいな。

どんな目的や様式（読書感想文や紹介文など）かによってあらすじの内容は変わります。ぼくが案内するね。

読書感想文

①　登場人物の人がらを中心に感想をまとめよう

ウーフがねばり強く考えているところが，かわいいな！

②　あらすじにまとめよう

ウーフのねばり強く考えている会話や行動を見つけていこう！

登場人物の人がらが表れているところを中心に取り出してあらすじにまとめてみよう！

…友達にそのことを伝えるためにウーフが歩いていると，ウーフは何でできているのか分からなくなってしまいました。ころころころ。考え，考え，ころころころころ。たくさん転がって，ついにウーフは答えを見つけました。

紹介文

話のてん開のおもしろさをまとめる時は，登場人物が変化したところを中心にまとめるといいよ！

①　話のてん開のおもしろさをまとめよう

ウーフは，どんな時でも最後にはちゃんと答えを見つけ出すように書いています。

②　あらすじにまとめよう

ウーフは最後にちゃんと答えを見つけたことが分かるようにまとめよう！

変化する前後が入るように意しきしてあらすじにまとめてみよう！

…友達にそのことを伝えるためにウーフが歩いていると，ウーフは何でできているのか分からなくなって悲しくなりました。しかし，ころころころころ転がって，ついにウーフは答えを見つけました。ウーフはうれしくなりました。

紹介文なら，最後の結末まで伝えずに問いかけることもできるよ。次のように，読んでいる人に問いかけてみよう。
★…ころころころころ転がって…。さて，ウーフは最後，答えを見つけることができるのでしょうか。

16. ３つのステージで読み，感想を深めよう

ポイントシートのねらい

感想を深めるための３つのステージをプロセスでまとめたものです。児童は感想をもつことが出来ても，それを深めていくことに難しさを感じることが想起されます。プロセスごとに，具体的な視点や例を挙げながら説明する工夫をしています。

ポイントシートの解説

● 「ステージ１」：どんな話かをつかむために，全文を通して読もう

ステージ１では，あらすじを捉え，大まかな感想をもつことがポイントです。読み進めながら自分の心が動いた部分に感想をメモした付箋を貼っていき，最後に中心となる感想を100字程度で書いておくとよいでしょう。その際，場面の移り変わりとともに主人公の気持ちの変化に着目して読むことで，自分と比べて感想をもつことが出来ます。特に，「なぜ？」「どうして？」という疑問をもつことでステージ２につながります。

● 「ステージ２」：「細かいところ」に注目して読み，自分の考えをもとう

ステージ２では，ステージ１の感想の根拠を見付けながら読むことがポイントとなります。その際，本の一部分だけではなく全体を読むことで，自分の感想が生まれたキーワード，繰り返し出てくる言葉などに気付くことが出来ます。また，疑問を解決するために他の本で調べたり，シリーズの本を重ねて読んだりすることで，感想を深めることが出来ます。

● 「ステージ３」：自分の考えを確かめるために，全文を読もう

ステージ３では，ステージ１の感想と比較し，自分の感想が大きく変わったこと，実際に行動していきたいこと，他の本やシリーズに想像が膨らんだことなどを書いていくことが大切です。ステージ１での感想との比較により児童自身が感想の深まりを実感出来ます。

ポイントシートの活用法

ポイントシートを教室に掲示するとともに，児童一人一人にも配付することで学習の見通しをもち主体的に学習計画を立てていくことが出来ます。各ステージの視点（問いかけ）や感想例を参考にして，繰り返し本を読むことで，自分の読みを深めていくことが出来ます。ポイントシートに，児童自らが気付いた視点や感想語彙等を書き加えていくことで，さらに使いやすいようにカスタマイズしていくとよいでしょう。

（参考文献：井上一郎著『文学の授業力をつける－７つの授業と自己学習を進める学習資料40』『読む力の基礎・基本－17の視点による授業づくり－』）

３つのステージで読み，感想を深めよう

本を読んだ後に読書感想文を書こうと思っても，感想がうかばないことや，感想が深まらないことはありませんか？　そのような時には３つのステージで読んでみましょう。

ステージ３　自分の考えをたしかめるために，全文を読もう

やってみたくなったことは？
とても考えが変わったことは？
くりかえし読んで強くなった感想は？
これからの生活で生かしたいことは？
この本を読んでこれから何をしたい？
読んでみたくなった本は？

■ぎもんを中心に何度も読んだら，主人公が物語のはじめとおわりで変わった（成長した）ことが分かった。
■見方を変えると悪いと思っていたことがよいことにもなるんだな。前向きに考えて行動していきたい。

ゴール
60F

ステージ２　なぜ？どうして？「こまかいところ」に注目して読み，自分の考えをもとう

主人公は，どうして○○したのかな？
主人公は，なんで○○と言ったのかな？
主人公と同じような経験をしたことは？
この本を読んで思い出したことは？
にている話を読んだことはある？
あたらめて読んで意外だなと思ったことは？
そんなことないって思ったことは？
調べてみて分かったことは？

■主人公は，毎回，げん実とはちがう世界に行って，問題をかい決しているんだ。
■他の本で調べてみて，食べ物がない時代だから主人公が○○と言ったことが分かった。

40F

ステージ１　どんな話かをつかむために，全文をとおして読もう

主人公はだれかな？
だれが出てくるかな？（てきかな。みかたかな。）
どこでどんな出来事がおきるのだろう？
どうやってじけんをかいけつするのかな？
はじめて読んで，どう思った？
心に強くのこったことは？
ぎもんに思ったことは？

■不思議な話だな。なんで主人公は最後に○○できたんだろう。
■かなしい話だな。なんでこんな結末なんだろう。

20F（かい）
スタート

本を手にとった時どう思った？　表紙の絵やだい名から感じたことは？

17．読書紹介や読書案内を読んで，読みたい本を探そう

ポイントシートのねらい

文章や本を取り上げた「読書紹介」「読書案内」を探す方法をまとめたものです。選書の幅や読書の楽しみ方を広げることをねらいとしています。

ポイントシートの解説

以下は，読書紹介や読書案内について，種類や場所という視点で整理した表です。ポイントシートには，「手がかり」として，６つの視点を示しています。

	掲示物	配布物	新聞や雑誌	本
書店	ポップ広告 コピーライターが作成したものと店員等が作成したものがある。 特集コーナー 新刊や話題の本などを集めて，陳列している。	ブックリスト 店頭やレジ横に置かれている。ジャンル別が多い。無料のものもある。 チラシ 新刊の広告や作者を招いたイベントの宣伝等がある。	特集記事 定期的に新刊や売れ筋の本，話題の本などを特集している。著名人が本を推薦するコラムもある。 広告 小枠広告，記事下広告，全面広告がある。また，記事内容と関連させた広告もある。 専門誌 特定の「ジャンル」が好きな人に向けた，より詳しい情報がまとめられた雑誌。	ブックガイド 「年代別」「性別」「ジャンル別」「目的別」「発刊年月日別」「発刊部数別」などでまとめられている。「食べ物」「道具」「場所」などのテーマで編集したものもある。 ファンブック 特定の「シリーズ」「作者」が好きな人に向けた，より詳しい情報がまとめられた本。作品の分析や解説，制作秘話，読者の感想等を掲載している。
図書館	ポスター 図書館員が推薦する本を紹介している。 特集コーナー 新しく入った本や季節に応じた本を集めて，紹介している。	便り・通信 定期的に図書館で発行しており，読書紹介や読書案内のコーナーがある。 ブックリスト 自治体が作成した，おすすめの本を年代別にまとめたもの。		
美術館	展示物 作品の分析や解説，制作秘話，作者の経歴，社会的な評価等について展示している。	リーフレット 展示会の概要が示してあり，無料で配布している。	図録 展示会の記録として多くの図や写真でまとめられたパンフレット。展示会でしか入手出来ない限定品。	物販コーナー 展示内容と関連した本の販売がある。普段書店に置かれていないものも多い。

ポイントシートの活用法

手がかり①～③は，読書紹介や読書案内の「種類」に着目したものです。ポイントシートに示した本や雑誌を複数用意し，目次や構成などを具体的に説明しましょう。手がかり④～⑥は，読書紹介や読書案内がある「場所」に着目したものです。掲示物の写真やちらし等の配布物について，書店や図書館のフロアマップに位置付けて示すとよいでしょう。

（参考文献：井上一郎編著・古川元視著『アクティブ・ラーニングをサポートする！学校図書館活用プロジェクト　掲示ポスター＆ポイントシート事典』）

読書しょうかいや読書あんないを読んで，読みたい本をさがそう

よこくじょう
今夜，この町の「読書しょうかい」や「読書あんない」をすべてぬすんで，読みたい本を分からなくしてやる。読書たんてい，かくごしろ。
なぞのXより

なぞのXより先に，「読書しょうかい」や「読書あんない」をさがし出さなければ…。６つの手がかりをさんこうに，みんなもさがすのを手伝ってくれ！

ブックガイドを読もう

ブックガイドは，「年代べつ」「せいべつ」「ジャンルべつ」「もくてきべつ」などで集められた，おすすめの本がしょうかいされている本やざっしです。

手がかり②

ファンブックを読もう

ファンブックは，ある「シリーズ」「作者」「ジャンル」などがすきな人に向けた，よりくわしいじょうほうがのっている本やざっしです。

手がかり③

物語をかいせつした本を読もう

ブックガイドの中には，「食べ物」「道具」「場所」などの切り口から，様々な作品をくわしくせつめいする本があります。

本屋さんに行こう

本屋さんには，手作りの「ポップ」や「コーナー」などがあり，店員や出ぱん社が作った読書しょうかいや読書あんないを読むことができます。

手がかり⑤

図書館に行こう

図書館が作るチラシには，読書しょうかいや読書あんないがのっています。おすすめの本をまとめたリストを作っている図書館もあります。

手がかり⑥

ミュージアムに行こう

美じゅつ館で行われる物語をテーマにしたてんじ会は，それ自体が本のしょうかいやあんないになっています。有名な作家の記ねん館もあります。

18. 読んでいる本につながる複数の資料を読める勇者になろう

ポイントシートのねらい

読んでいる本につながる資料を６つの宝の鍵で示しています。それぞれの資料の特徴から，目的に応じて資料を選択出来ます。１つの作品として読むだけではなく，資料を読むことで読みが深まります。説明文だけではなく，物語も重ねて読むことで深まります。

ポイントシートの解説

① モンスターを通したトラブルシューティング

物語をより楽しく読むための資料をモンスターが隠している設定です。モンスターを倒し，鍵で宝箱を開けると，その資料が手に入ります。物語を読んでいておちいりがちな6つのトラブルと，その解決後の読者の姿を思考の過程に乗せて示しています。

② ６種類の「読んでいる本につながる資料」を明示

① 写真，絵（物語に登場する物や場所，作者）
② パンフレット，リーフレット（記念館や博物館）
③ 新聞（作品や作者に関わる記事）
④ 本の本文以外（帯，裏書，後書き）
⑤ 年表（物語内の時間，作者）
⑥ 辞典，事典，図鑑

・毎回，すべての資料を読む必要はありません。
・すべての資料に求めているものがあるとも限りません。

目的に応じて，これらの資料を選択して読みます。１つの資料でも効果は得られますが，複数の資料を読むことで，より大きな成果を得られる可能性が高まります。

③ 各資料の特徴を解説

資料の特徴を押さえることで，効果的な資料を意図的に取捨選択し，主体的に読む活動を進めることが出来ます。

ポイントシートの活用法

１つの資料を共通教材として使用して資料の有無での読み方の違いを学ぶことで，物語をより深く味わい，理解し，楽しむことが出来る読み方の１つとして，物語の本＋αの資料を手に取ることのよさを実感させるとよいでしょう。そして，表現のための取材，作品の解釈，自分の考えを深めきれない時，資料を使って迫ろうとする方向付けと意欲付けとしていきます。また，鍵ごとにリストを作成して，目的に応じて資料を使い分けて活用するのも効果的です。

読んでいる本につながる複数の資料を読める勇者になろう

物語が分からなくて楽しさを味わえないのは，モンスター「ナゾー」のせい。
資料をかくして退くつにさせている「ナゾー」をやっつけよう。

写真・絵のカギ

ボンヤリナゾー
登場！
イメージをボンヤリさせるナゾ～
「あかね色の空」って
どんな空…
ガチャ
あかね色の夕焼け空
とは，こんなにきれ
いな景色なんだ！

物語内の気候，地理，道具，筆者の「写真や絵」があると，それを具体的に実感できます。

パンフレットのカギ

アッサリナゾー
登場！

印象をあっさりさせるナゾ～

「冬の間ただ待つ」
のは地味…

ガチャ

作者は雪国で育った
人なんだ。作者の実
感が伝わってきた！

作者や物語の博物館や記念館の「パンフレット」があると，物語を補う秘話を得られます。

新聞のカギ

トーイナゾー
登場！
話の世界を遠い所にするナゾ～
「宇宙船の生活」は楽そう…
ガチャ
宇宙飛行士の記事に
よると宇宙の環境は
大変なんだ！

「新聞」にある社会の出来事という現実世界から物語の世界をつなげて比べられます。

本の本文以外のカギ

マイゴナゾー
登場！
どこを読むか分からなくするナゾ～
「修行する場面」を
読みたいけど、最初
から読むのは大変…
ガチャ
目次にあった「出会
い」の章を開いたら，
すぐに読めた！

「題名，目次，前書き，後書き，奥付など」があると，物語の読み方や読む場所を探せます。

年表のカギ

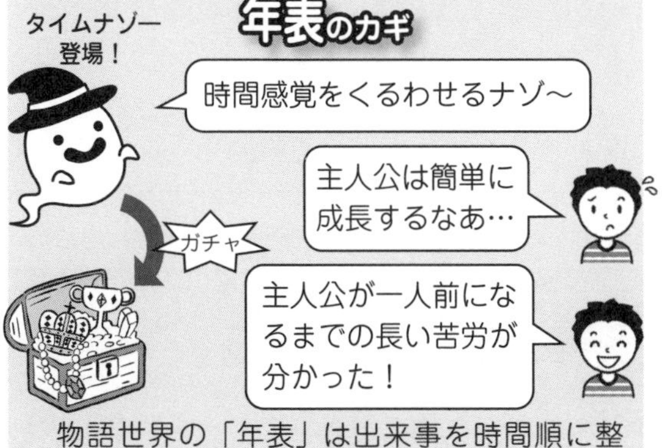

タイムナゾー
登場！
時間感覚をくるわせるナゾ～
主人公は簡単に
成長するなあ…
ガチャ
主人公が一人前にな
るまでの長い苦労が
分かった！

物語世界の「年表」は出来事を時間順に整理でき，作者「年表」は時代背景が分かります。

辞典のカギ

イミフナゾー
登場！
言葉やその意味を不明にするナゾ～
「他山の石」と話し
た主人公は、なぜし
かられたの…
ガチャ
これは目上の人に使
ったら失礼な言葉だ
ったんだ！

「国語辞典，漢和辞典，類語辞典，ことわざ辞典等」から，言葉の知識と豊かな語いを得られます。

19.「語っている人の視点が動く時」をスクープしよう

ポイントシートのねらい

物語の語り手の視点が動くことによって発生するその役割を示しています。語り手の視点が動く時，場面が転換して物語が大きく動くことがあります。視点の変化を捉えて読むことで，物語の読解が深まります。そこで，視点の変化に気が付けるように，視点が動くタイミングとそのことによって物語上で引き起こされることについて表しました。

ポイントシートの解説

●視点が変わる４つのタイミング

変わる前後を比較出来るように，語り手の視点が変わる実例を挙げています。文例によって，それぞれの視点の置き方とその役割や表現として描くことのよさについて具体的に捉えることが出来ます。

●語り手の一人称１つと三人称３つの視点

(1)一人称の視点…物語の登場人物の１人として，「ぼく」「わたし」などの一人称で語る視点

① 物語に登場する人物の１人として，または一人称で表している登場人物に寄り添う形で語ります。

(2)三人称の視点…物語の登場人物とは別の存在として，「彼」「あの子」「(登場人物名)」などの三人称で語る視点

② 主人公として，または特定の登場人物に寄り添って心の中を描いて語ります。

③ 複数の，または全ての登場人物の間を入れ替わりながら，それぞれの心の中を描いて語ります。

④ 登場人物の行動だけを描写し，心の中を地の文では描かずに語ります。

●「作者」「作家」「語り手」の区別

児童が混同しがちな知識を示しています。これを押さえた上で，改めて物語を読みます。

ポイントシートの活用法

視点の変化によって，物語はどのように変わるのかを読みます。視点人物を捉え，語り手の語り方から登場人物をどのような評価をしているのかを表現から探し，登場人物とどのような距離感で描いているのかについて考えていきます。また，一人称を三人称に，三人称を一人称に物語を書き換える活動を設定することも考えられます。

「語っている人の視点が動くとき」をスクープしよう

語り手は視点を動かしながら物語を進めます。視点が動く時に物語も動きます。（物語は変わりません。）視点が動くなんて考えないでしょう？　語り手の視点が動く瞬間をスクープしよう。

一文が短くなり，話の進行リズムが速くなった！

スクープ１

進行のリズムが変わる

ヒロシは，大好きな本を置き，読むのを途中で止め，空を見上げました。

１時間たった。困った。困った。どうしよう。

物語の世界を見ている目の人物が変わった！

スクープ２

見ている人が変わる

ヒロシが校庭で野球をしていた。暗くなるまでボールを追い続けた。

ミヨコが図書館で本を読んでいる。何冊も何冊もだまって読んでいる。

三人称が一人称に変わり，語り手が変わった！

スクープ３

語り手が変わる
（一人称　↔　三人称）

ヒロシは野球ばかりで勉強はしなかった。成績もいまいちだった。

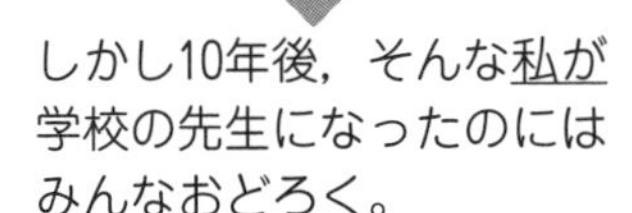

しかし10年後，そんな私が学校の先生になったのにはみんなおどろく。

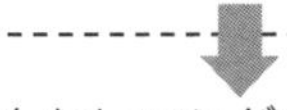

はじめはマイナス評価で距離感をもって描いていたのが，プラス評価の親近感をもって描いている！

スクープ４

登場人物（の内面）との距離が変わる

ヒロシはマイペースで，何でもいつも時間ぎりぎりだ。

そんなヒロシがてきぱきと仕事を片付けている。だれよりも見通しのある男だ。

「作者」「作家」「語り手」のちがい

作者…物語を書いた人
作家…書いた人そのもの
語り手…読者に話を手わたす人

一人称
登場人物の一人
「ぼく」「私」
三人称
登場人物とは別
「彼」「（名前）」

語り手が物語の中に登場人物として出てくるのか，出てこないのか，もスクープのヒントになるよ。

★物語によってないスクープもあります。
★複数ある視点の動き方のうち，主なもの４つを挙げました。

20．登場人物の関係を図にまとめて，つながりを考えよう

ポイントシートのねらい

登場人物の相互関係を３種類の図に表わし，読みを深めていく方法をまとめたものです。登場人物の具体的な「行為」について，作品の構造上の「機能」から読めるようにすることでより深く想像が広げられることを実感出来るようにしています。

ポイントシートの解説

相関図を考える時のポイントとして，祖母・父・母・子，友達のような実体としての登場人物の関係と，仲間・好敵手など主人公を軸とした作品全体の中で，登場人物がどのような役割を担って表現されているかという構造としての関係を区別して読んでいきます。

ここでは，実際としての関係を作品の特徴によって親子関係（ツリー図型），友達／仲間関係（矢印型），家／種族関係（グループ型）と３つに整理します。その後，構造的にどのように表現されているかを操作しながら捉え直していきます。

① 作品を読み，３つの型（ツリー図・矢印・グループ）のどれに合うかを考え，１つを選び，相関図にまとめます。

② 次に，実体的な関係から構造的な関係へとカードにして動かし，言語操作や思考操作をしながら，その根拠をグループで話し合うことで区別して考えていきます。作者が，作品において，どのような役割を人物に担わせているかが分かります。

③ 最後に，個々の想像が原体験や読書体験から導かれることから，共感したり疑問や不思議に感じられたりと想像は多様であることをつかみます。児童が，その多様さを生かし叙述に基づいた心情や情景を追求する学びが楽しいことを味わっていくようにします。

登場人物の心情は，直接的に描写されている場合もありますが，登場人物相互の関係に基づいた行動や会話，情景などを通して暗示的に表現される場合もあることを捉えていきます。

ポイントシートの活用法

１つの物語でタイプに合う相関図を書き，担っている役割について根拠を述べながら操作したり，推薦文や解説を書く際の自分の読みの根拠としたりする活用が考えられます。

ツリー図では，家系図を描き，作者が人物にどのように役割を担わせているかを操作しながら話し合います。矢印型やグループ型では，人物の主人公へのかかわりが，他者同士や種族間の関係を受けて表現されていることなど，間接的な表現まで読み深めることが出来ます。

（参考文献：井上一郎著『読む力の基礎・基本―17の視点による授業づくり―』）

登場人物の関係を図にまとめて，つながりを考えよう

物語にはいろいろな人物が登場して活やくし，その生活背景や人間関係が豊かに描かれています。つながりを図に書いて，カードを動かしながら説明し合いましょう！　人物の多くの顔が見えてきます。

登場人物の実際の関係（親子・友達・仲間）には3つあるよ！　このポイントシートを参考にして図にしてみよう。次に物語の中で各々がどのような役割をはたしているか，カードにしてそのつながりを考えてみよう！

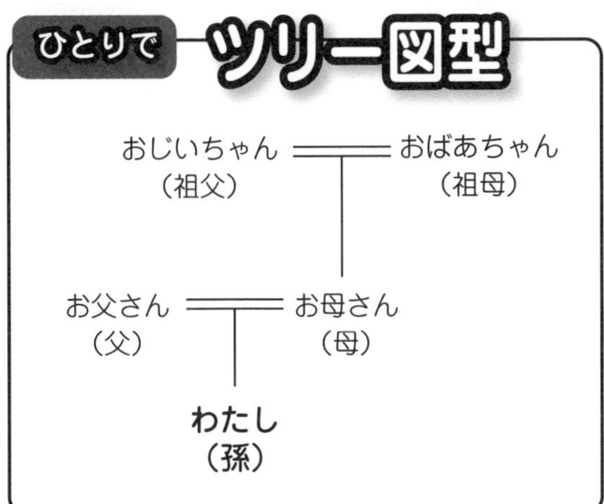

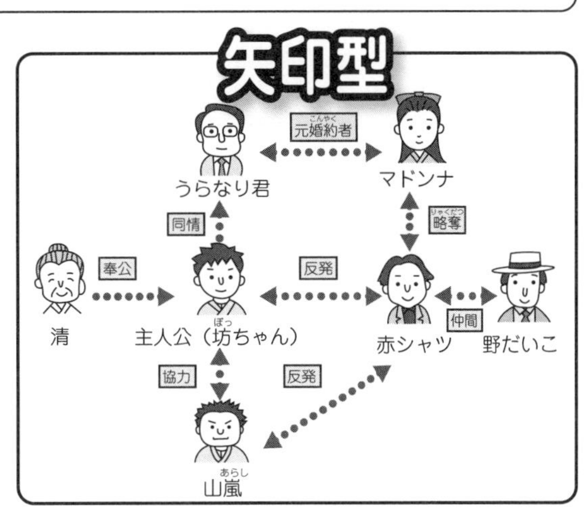

並び替え

グループで並び替えて，物語の役割を説明し深め合おう！　多くの顔が見えてくるよ！

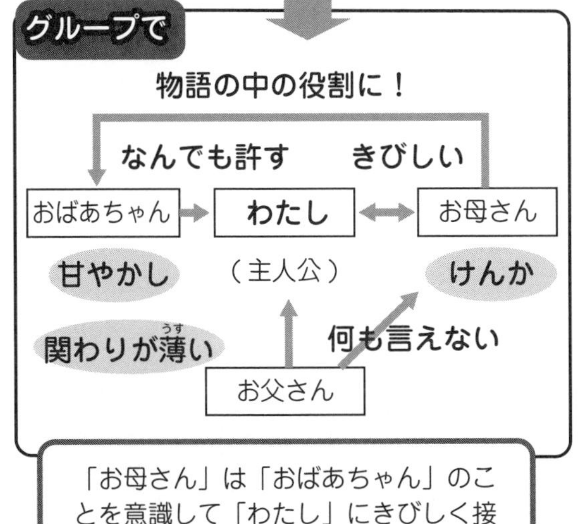

「お母さん」は「おばあちゃん」のことを意識して「わたし」にきびしく接しているんだ！

グループ型

光の勢力		闇の勢力
エルフ　人間　ホビット		
ドワーフ　A　魔法使い		

主人公とAとは出会い，大切な友と思ってるけど，種族の違いから，Aは「…」といったんだ！

21. 心情＝「内面にある深い思い」を読み取ろう

ポイントシートのねらい

手がかりを基に登場人物の複雑な心情を読み取る方法を，心情を表す表現の着眼点と読み取り方の３つのポイントでまとめたものです。

ポイントシートの解説

①　複雑な表現　＝「相反する表現やねじれた文章」を見付ける

複雑な心情は，相反する語句を用いたり，文章の前後関係がねじれていたりすることがあります。まず，そのような表現に着目し，心情を読み取ることが出来るようにします。

②　「手がかり」を基に心情を読み取る

⑴　「設定」をおさえる

物語の背景として，時代，場所，置かれた環境，登場人物同士の関係等の設定を把握することが必要です。設定を「人物相関図」や「年表」，「登場人物紹介集」等にまとめることを通して，登場人物について深く読み取ることが出来ます。

⑵　「暗示的な表現」を見付ける

「せりふ」「会話」等を手がかりに登場人物の心情を読み取っていきますが，直接的な表現だけで心情を読み取ることは出来ません。「行動描写」「人物描写」「情景描写」等に着目して，登場人物の心情を表している暗示的な表現を見付けるようにします。

⑶　物語全体を読み総合的に考える

物語の中で，事件が起きたり，少しずつ状況や人間関係が変わっていったりすることで，心情も複雑に変化していきます。物語全体を俯瞰しながら，目的に応じて何度も読みます。

ポイントシートの活用法

物語を読む時には，心情を表す表現に着目させ，内面の思いを読み取れるようにします。その際に着目させたい心情を表す言葉，そして深く読み味わうための手がかりとしたい３点です。児童が，物語から心情を深く読み取る経験が少ない場合は，まずこのポイントシートを使って「心情」の具体的な表現や読み取り方のナビゲーションを十分に行うとよいでしょう。

例えば，「読書座談会」での感想交流や朗読等，目的を明確にもち，読み進めていく中で，必要感をもって活用していくことで，心情を深く読み味わえることが出来るようにします。

（参考文献：井上一郎著『読む力の基礎・基本－17の視点による授業づくり－』）

心情＝「内面にある深い思い」を読み取ろう

ハルエ  ナツミ  アキ　フユキ 

登場人物の「心情」を想像しながら読むと楽しいよ。でも，本当に「心情」を読み取れているかな。「心情」は表面的な「気持ち」とはちがい，ねじれていたり，比べてみないと分からなかったりするよ。次のような言葉や手がかりをもとに，内面にある深い思いを探ろう！

1．心情を表す複雑な表現を見つけよう

心情は「内面にある深い思い」だから一言では表せないね。反対の意味の言葉を使って表すことがあるよ。

- アキは初めてライバルに勝ったが，**興奮**していながらもどこか**冷静**だった。
- 「大じょう夫！心配ないよ！」と**ほほえみながら**ふり向いたナツミの目には**涙がうかんで**いた。
- ハルエは，**明るい声で楽しそうに**学校のことを話した後，いっしゅん，**真顔になり小さくため息をついた**。
- 向こうから歩いてくるフユキを見て，ナツミは**こわくなり**うつむいて**見つからないことを願った**。いざ，フユキが通り過ぎると，ナツミは**声をかけてもらいたかった**ような物足りない思いに駆られた。

2．手がかりをもとに心情を読み取ろう

物語の設定や背景によって，心情もちがってくるね。人物相関図や年表等にまとめておくとよく分かるね。

CHECK1　物語の設定をつかもう

■背景（時代，場所，家族構成等）→現代？　日本？　一人っ子で３人家族？
■人物像（年れい，性格，身分等）→13歳？　中学生？　おとなしい？
■人物の相関，人間関係，役割等→同級生？　幼なじみ？　ライバル？

「できごと」「状況や人間関係の変化」「成長」を通して心情はより複雑になるね。

CHECK2　「暗示的な表現」を見つけよう

- 仲直りの後でかじったりんごは，アキにとって，いつもより少しあまく感じられた。

→仲直りができてほっとしてうれしい。

- ハルエが笑うと，八重歯がのぞき，目がきらきらかがやくことに，ナツミは初めて気づいた。

→ハルエに対しての印象が，明るくよいものになった。

- フユキが見上げた空は，いつのまにか月がすっかりと雲にかくされてしまっていた。

→気持ちが暗く，不安になってしまった。

- ４階の音楽室から聞こえてくる美しい歌声が，ナツミの耳に優しくひびいた。

→安心して前向きな気持ちになった。

CHECK3　物語全体から考えよう

- （事件前）フユキは仁王立ちになって，アキに向かって「おまえに分かるはずがない」と言い放った。
- （事件後）フユキは**くちびるをゆがめながら**アキに**笑いかけた**。その眼には**親愛の色**が浮かんでいた。

→関わりをとおして相手のよさも分かり，敵対心と親近感が混ざり合った複雑な思いをいだいた。

- （物語の冒頭）ハルエが初めて見る校舎は，**灰色の**空の下で**古びてどんより**としていた。
- （物語の終末）卒業式後，４人でふり返った中庭では，**青空**の下，クローバーの**緑がかがやいていた**。

→入学時は不安だったが，いろいろなできごとを通してたがいに成長し，自信と希望にあふれている。

行動描写，人物描写，情景描写等に気をつけて読むといいよ。

総合的に読んで，心情をつかんでね！

22. 作者の表現の工夫を見付けよう

ポイントシートのねらい

物語文においてよく使われる「作者の表現の工夫」を示したものです。

ポイントシートの解説

① 反復による工夫

ポイントシートには語の繰り返し（反復）のみを例として載せていますが，他に「繰り返し」が物語の基本となっているものもあります。

② クライマックスに向かって高める工夫

物語が進むに従って高まっていくような文章構成を工夫したものがクライマックス法です。

③ 時間の移動による工夫

時間の移動には，現在なのか過去なのか未来なのか，どちらとも取れない時間（登場人物の空想）などもあります。他に「空間の移動」というのもあります。

④ 会話・情景・行動などの描写による工夫

性格を表す言葉や登場人物の行動描写，会話描写，情景描写などを関連させます。ポイントシートで紹介した表現技法以外にもたくさんあります。

誇張法	何かを大げさに表現することで文章に面白味を加えたり，語り手の心理・感情などを強調したりする時に使う表現の技法。	あまりのおいしさにほっぺたが落っこちそうになった。 など
矛盾法	反対もしくは，相いれない意味の2語句を組み合わせて表現する技法。	急がば回れ など
オノマトペ	音や様子を表す言葉，擬音語・擬声語・擬態語をひとくくりにしてオノマトペと言う。宮沢賢治の作品の中にもオノマトペが多く用いられている。	のんのんのんのんのんのんと，大そろしない音を立ててやっている。（オツベルと象） クラムボンはかぷかぷわらったよ。（やまなし）

ポイントシートの活用法

反復による工夫では，同じ言葉や会話，または出来事が繰り返されることで読者が物語に引き込まれる物語を例に出し，楽しさを実感させると効果的です。会話描写の例として挙げた「私は，そんなことをして欲しいとはたのんでいない。」と言った人物について会話描写から考えさせるとよいでしょう。この会話だけではこの人物は，素直になれないが心では感謝している人物ではないか，または，人に頼りたくないので不愉快に思っている人であるとも考えられます。他の情景や行動描写と関連させて読むと，深く正確に人物像を捉え物語を楽しむことが出来ます。会話，情景，行動描写それぞれを関連させて読み，人柄や性格を捉えることが大切です。

作者の表現の工夫を見つけよう

物語に引きこまれるように，夢中で読んだことはないかな。夢中で読んでしまうのは，読者を作品の世界に引き込むために，巧みな表現をする技法を作者が工夫し読者の感情に訴えてくるからなのじゃ。いろいろな表現の工夫を教えてしんぜよう。

いろいろな表現の工夫

①反復による工夫

作者が，似たような語句，同じ語・言葉・句を繰り返してリズムを作ったり，表現するものの「動作」や「変化」を強調したりして読者を引き込み楽しませるのだよ。

・ロケットが遠く遠く飛び立った。・前へ前へ私は今日も走っている。

②クライマックスに向かって高める工夫

主人公が，ある事件を時間の経過に従って解決していく形で物語が構成されているよ。読み手の興味を引き付けるために，物語が進むにつれて段々と高まっていくような文章構成になっているんだ。主人公が解決しなければならない最も難しい事件を解決する場面をクライマックスと言うんだ。

【物語の発端（起）→物語の展開（承）→クライマックス（転）→物語の結び（結）】

物語の中で盛り上がる部分はいくつかあるが，その中で最も盛り上がる（中心人物の気持ちが最も大きく変わる）部分がクライマックスだ。

③時間の移動による工夫

時間の流れに沿って順番に表現する時もあれば，時間の流れに変化を与えることで興味を引いたり，余分な時間の部分を省いてテンポをよくしたりするなどの効果があるのだ。逆に，たった何分，何秒を数ページにわたり書くこともあるのだ。

［例］
・現在→現在→現在
・現在→過去→現在

「わらぐつの中の神様」は，**回想（過去にあった出来事を思い返す）**するところから始まっている。物語のスタート地点を変えた作品だ。

「会話描写」「情景描写」「行動描写」があるのを知っているかな。ふつうに書かれていると思っている「描写」の中にもたくさんの工夫が散りばめられているのだよ。

④会話・情景・行動などの描写による工夫

会話描写……会話から読み取れることはたくさんあります。例えば，人柄や，状況，情景などが分かります。分からないことを説明するために詳しい人物を登場させ話をさせることもあります。会話の口調や内容からは，人柄や間接的に人物の心情を読み取ることもできます。
［例］「私は，そんなことをして欲しいとはたのんでいない。」

情景描写……風景や情景を描写することで人物の心情を表すことがあります。天気などで表現されることもあります。
［例］急に空を雨雲がおおい始めた（心情の変化が分かる）

行動描写……行動描写の中から心情を読み取ることもできます。
［例］仏頂面をして（不安や不快）　うで組みをする（迷っているなど）　肩を落としながら（がっかりしている）

「会話描写」「情景描写」「行動描写」それぞれの中に情景や心情または，人柄や性格がふくまれています。どれか，1つだけで心情や心情の変化，人柄や性格をとらえるのではなくそれぞれを関連付けて読んで考えてみよう。

23. 作者と対話してみよう

ポイントシートのねらい

物語を批判的（クリティカル）に読む時に参考となるような，読者と作者との対話の例についてまとめたものです。批判的に読むことは論理的な行為であり，読者が一方的に作品を非難したり好さ勝手に読んだりすることではありません。物語を読む主体である読者が，作者に対する敬意をもって自問自答していくことが必要です。

ポイントシートの解説

どんな観点で物語を読み進めればよいか，チェックリストとして整理しています。

① 読者の感想

●分かりやすいか …… 物語の内容や表現の仕方などについて，分かりやすいか難しいかなど読者の側からだけでなく，作者の立場からも考えてみる。

●おもしろいか，気に入ったか …… 読者としての自分だけでなく，作者なら何と答えるか想像してみる。

② 物語の特ちょう

●人物の描き方はどうか …… 主人公の描き方や人物設定，相関関係について考える。

●構成や物語展開についてはどうか …… 構成の工夫について，それが物語展開上どのような効果があるかを考えてみる。

●この作者だからこそ …… この作者ならではの特徴や，ジャンル，シリーズなどに焦点を当ててみる。

●一貫性や整合性があるか …… 筋が通っているか，この変化なら納得出来るかなど。

●リアリティーがあるか …… ファンタジーだからこそリアリティーが大切になるなど。

作者との対話では，物語に込められた作者の意図や思いを読み取り，読者である自分の思いや考えと比べるなどの思考・判断が伴います。このように，作者自身のことについて調べたり，同じ作者の他の作品と読み比べたりすると，より深い対話に結び付いていきます。

ポイントシートの活用法

１つの箇所に着目してそこだけに適用してみたり，ある場面だけを読んで適用してみたりするなど，絞って活用するとよいでしょう。また，一度だけでなく，最後まで読み進めていく中でくり返しこのポイントシートに戻って活用してみるのも効果的です。

（参考文献：井上一郎編著『アクティブラーニングをサポートする！小学校教室掲示ポスター＆言語能力アップシート事典』）

作者と対話してみよう

物語を読む時に，作者が書いたそのままをただ受け止めるだけの読みをしていませんか。実は，物語を読む時には読み手として自分の考えをもつことが大切です。自分だったらどうするかなど，作者との対話を楽しんでみましょう。

読者　対話　**作者**

読者の感想から

◆分かりやすいか？

読者：この言い表し方は難しいな。

作者：そう言わずに，この後も続けて読むと，なるほどと思えるよ。

◆おもしろいか？気に入ったか？

読者：この物語はお気に入りなんだけど，友達はそうでもないんだ。

作者：おもしろかったか，気に入ったかは，読者のあなたが決めることだよ。

物語の特ちょうから

◆人物の描（えが）き方は？

読者：こんなお父さんはきらいだ！

作者：そんな簡単に決め付けないでほしいな。もう一度読んで考えてみてよ。

読者：登場人物がみりょく的だね。

作者：この物語は主人公の視点で書いたけど，ライバルの視点から読むとまた違（ちが）ったおもしろさが発見できるよ。

◆構成についてはどう？

読者：おもしろい展開で思わず引き込まれたよ。まさか主人公が犯人だったなんて。

作者：現在－過去－現在と構成を工夫したんだ。楽しんでもらえてうれしいよ。同じように構成を工夫した作品が他にもあるから読んでみてね。

◆この作者だからこそ！

読者：こんなファンタジーは今までなかったよ。

作者：よく気が付いたね。ふだんからジャンルを意識して読んでいるからだね。ところで，このファンタジーにはどんな特ちょうがあるかな。

◆一貫性（いっかんせい）や整合性（せいごうせい）があるか？

◆リアリティーがあるか？

作者の意図を探り，私だったらどうするかを考えてみよう！

作者がどんな工夫をしているか，読書経験を生かして見つけよう！

24. 作品を比べて読んで，考えを深めよう

ポイントシートのねらい

複数の作品を比べる時の種類や着目する点について示したものです。１つの作品を詳しく読むだけでなく，２つ以上の作品を比べて読むことによって，作品の特徴や作者の特徴，作品の位置付けなどを客観的に理解することが出来ます。

ポイントシートの解説

比べ読みをする時は，目的を明確にして学習を進めることが大切です。比べ読みをする手順を上から下へ読んでいくポイントシートになっています。

●種類

・同シリーズの比較…登場人物の成長や変容など
・同じ作者の異なる作品…作者の特徴や作品の位置付けなど
・同じテーマの異なる作者の作品，鬼や狐など同じ登場人物が出てくる作品の比較
…テーマや鬼や狐に対する様々な捉え方や共通点など
・評論と伝記，フィクションとノンフィクションの比較…様式の特徴や表現の違いなど
・同じ作品の異なるメディアでの比較…メディアの違いによる読み手の感じ方や各メディアの特性など

●比較する着目点

① 題名，主題（題名とテーマの関連を含む）
② 登場人物（主人公，他の人物の特徴や生き方，人物の関係，敵対する人物はいるかなど）
③ 構成（展開の仕方，クライマックスの特徴，不思議な世界に行って帰ってくるなど）
④ 表現（文体，メディアの特徴，心情や情景描写の特徴，オリジナリティーある描写など）

その他の着目点　挿絵・人称・場所など

●実例

毎回４つの着目点で行うのではなく，学習の目的に応じて絞って学習することも出来ます。児童に何の力を身に付けさせたいかによって，比較させる種類や着目点は変わってきます。

ポイントシートの活用法

比較する種類を決める時はポイントシートの１を使って指導します。実際に比較する時に２と３を使い指導します。作品を比較することによって，主な作品の特徴に気付かせるのか，作者の特徴を見い出すのかなど，授業の流し方やポイントシートの扱い方を変えます。

（参考文献：井上一郎編著『小学校国語 「汎用的能力」を高める！アクティブ・ラーニングサポートワーク』）

作品を比べて読んで，考えを深めよう

この作品の内容は分かったような気がするけれど，これでいいのかな？

1つの作品を詳しく読むだけで，その作品をよく理解したと思っていないイカ？　他の作品と比べると，いイカな？以下（イカ）のことを考えてみよう。

1．どんな**種類**を比べたらいいの？

- 同じシリーズの作品
- フィクションとノンフィクション
- 評論と伝記
- 同じテーマの異なる作者の作品
- 同じ作者の異なる作品

2．どんなところに**着目**して比べたらいいの？

分かってきた？

- どんな題名？物語のテーマは共通している？
- 登場人物（どんな人物がいる？敵対か友好か，生き方）
- 構成（どんな展開の仕方かな？クライマックスは？）
- どんな言葉で表現している？情景の表し方の特ちょうは？

3．**比べる**にはどうしたらいいの？

深くもぐってきたよ。

☆題名☆
どちらも名詞「〜〜の〜〜」という言葉で形容されているのでイメージがわきやすい。共通している。

☆登場人物☆
Aは2人の猟師と犬と得体の知れない動物。Bは2人が中心となり，銀河鉄道に乗車した人などが登場する。現実にいない不思議な人物が登場する所が共通している。

☆構成☆
AもBも日常から始まり，異なる世界に入りまた日常にもどってくる所が共通点。もどってきた日常は少し変化している。

☆表現☆
AもBも会話がたくさん書かれている。Aは「がたがた…」など恐怖を表す表現や場面が変わる時に風の表現が使われている。Bはげんそう的なふん囲気や不思議さを感じさせる表現が多い。

A

「どうもおかしいぜ。」「ぼくもおかしいとおもう。」「たくさんの注文というのは、向うがこっちへ注文してるんだよ。」「だからさ、西洋料理店というのは、ぼくの考えるところでは、西洋料理を、来た人にたべさせるのではなくて、来た人を西洋料理にして、食べてやる家とこういうことなんだ。これは、その、つ、つ、つ、つまり、ぼ、ぼ、ぼくらが……。」がたがたがたがた、ふるえだしてもうものが言えませんでした。
「その、ぼ、ぼくらが、……うわあ。」がたがたがたがたふるえだして、もうものが言えませんでした。

宮沢賢治『注文の多い料理店』青空文庫（新潮文庫）1990年より

B

「なにがしあわせかわからないです。ほんとうにどんなつらいことでもそれがただしいみちを進む中でのできごとならとうげの上りも下りもみんなほんとうの幸福に近づく一あしずつですから。」とう台守がなぐさめていました。「ああそうです。ただいちばんのさいわいにいたるためにいろいろのかなしみもみんなおぼしめしです。」青年が祈るようにそう答えました。そしてあの姉弟はもうつかれてめいめいぐったり席によりかかってねむっていました。さっきのあのはだしだった足にはいつか白いやわらかなくつをはいていたのです。

宮沢賢治『銀河鉄道の夜』より青空文庫（岩波文庫）1951年より
※一部漢字、改行を改変

分かったことをイカして，また読んでみよう！

比べることで，作者の特ちょうなどが分かり，作品に対する考えが深まるよ。

25. この本，おすすめです　読んでみませんか？

ポイントシートのねらい

読んだ本をポップや本の帯で推薦するためのポイントをまとめたものです。「魅力あるこの本を読んでもらうために」という思いをもった読書活動を促し，要約力，感想力，表現のよさに気付く力，主人公の心情に共感する力などの読みの力を育成することをねらいとしています。

ポイントシートの解説

本を読んで推薦の文章を書く方法は，ポップや本の帯，ポスター，読書郵便，リーフレットやパンフレットなどがあります。

◆本を推薦するために◆

① **取り上げる本を決める**

●自分の思いが大事 →「読んでよかった。感動した」「誰かに伝えたい，共有したい」など

●おすすめしたい相手を具体的に思い浮かべることが大事 →「趣味が合う○○さん」，「○○な人」など

「この本はよかったから，だれかにおすすめしたい。だれにすすめようかな。」「○○な△△さんに，ぜひ，この本をおすすめしたい。」と考えるようにします。

② **おすすめする内容を決める**

●感じたことを書き，その根拠の表現（言葉や文）や場面を探す

●魅力を感じた表現（言葉や文），場面を探し，そこからから感じたことを書く

何度も読み直したりしてたくさん書き留めて整理すると，自分が伝えたかったことやおすすめする相手に合わせた内容が明確になります。併せて，キャッチコピーも明確になります。

③ **推薦文をポップや帯にする**

相手の心に自分の思いを届けるために，何を一番目立たせるか，どの大きさで，どの位置に何を書くか，レイアウトを考えます。下書きを何パターンか書くとよいでしょう。

ポイントシートの活用法

キャッチコピーと「かんたんなあらすじ」や「本の見どころや感想」の内容を「一番伝えたいこと」でつながるように指導すると，全体がぶれずに，統一感のあるポップや本の帯になります。また，児童同士で評価し合う場合の観点にもなります。

（参考文献：井上一郎編著・古川元視著『アクティブ・ラーニングをサポートする！学校図書館活用プロジェクト　掲示ポスター＆ポイントシート事典』／井上一郎著『誰もがつけたい説明力』）

この本，おすすめです　読んでみませんか？

ぼくのおすすめの本を友達に読んでもらいたいな。

「読んでほしい」という思いをしっかり表すことが大事！　ぼくといっしょに考えよう。

1 目的をはっきりさせよう！

（だれに，何を伝え，どうしたいの？）

「おすすめは，これだ！」と本気で選んでおすすめしよう！

けんかをしてまったけれど仲直りできた人に，友情物語を読んで「そうそう，分かる。」と共感してほしい。

なぞ解きが好きな○○さんに，この難しいなぞ解きを読んで，楽しんでほしい。

犬が苦手な人に，犬と人間の心温まる話を読んで，犬の優しさを知って少しでも好きになってもらいたい。

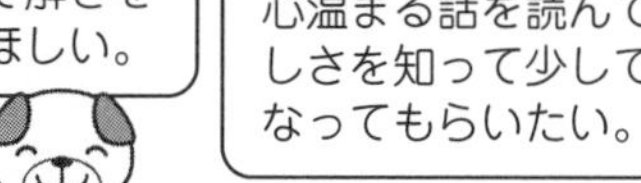

2 おすすめする方法は？

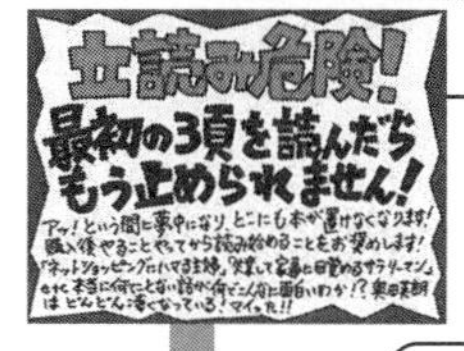

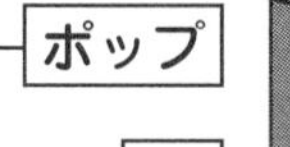

ポップ

帯

何を書くの

○本の題名（作者名）とキャッチコピー
○かんたんなあらすじ（要約文）1.2行
○本の見どころや感想など

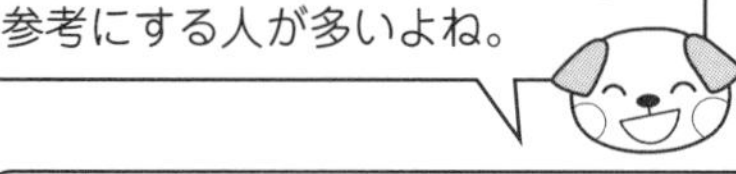

本屋さんや図書館で本を選ぶ時に参考にする人が多いよね。

例えば

【キャッチコピーを考える】
伝える相手(犬が苦手)に合わせてインパクトのある言葉を選ぼう！
○やっぱり犬ってかわいい
○犬が苦手な人も感動する
○犬ってそんなこと考えているの？

どれにしようかな。犬の優しさが分かるように，もう一度考えてみよう。

まずは，たくさんキャチコピーを考えよう！　伝えたい相手を意識すると，伝えたいこともはっきりするよ。

【キャッチコピーの例】
みんなが泣いた／とびきり上等の友情物語／本を読んでこんなに笑ったのは久しぶり／このなぞ解き 最高におもしろい!!

3 書いてみよう

最後に，文字の配置や大きさ，色を工夫して仕上げよう。

ぼくは，友達に読んでほしかったから，本当に伝えたいことは何か考えて，おすすめする本を何度も読んだし，同じ作者の他の本も読んでみたよ。

第2章「読むこと（説明文）」の教え方・学び方ポイントシート

1．説明文にはどんなといがあるの？

ポイントシートのねらい

説明文の問いかけについて,「問い」が明記されている場合と明記されていない場合について，識別して読むことの大切さを示したものです。

ポイントシートの解説

説明文の「問い」の提示について３つのパターンを示しています。ここでは，その「問い」が見付けやすいものから順に示しています。

<table>
<tr><td>A：「問い」が明記されている場合</td><td>「問い」が明示されている場合
＝「？」（とい）が見えている</td><td>冒頭部にある「どうして」「なぜ」「どのように」などの言葉が使われて疑問文の形になっているものが「問い」です。その答えに至る過程や，答えそのものを探しながら文章を読んでいきます。</td></tr>
<tr><td rowspan="2">B：「問い」が明記されていない場合</td><td>「問い」が暗示されている場合
＝「？」（とい）がかくれている</td><td>冒頭部に話題が提示されますが，疑問文の形になった文はなく，次の段落から展開部が始まります。この場合，冒頭部で筆者が着目しているものや，展開部の始めの「～を見てみましょう。」「～を観察してみました。」などの言葉から，行間に隠れている「問い」を見付けることが出来ます。</td></tr>
<tr><td>「問い」が潜在的である場合
＝「？」（とい）が見えない</td><td>話題提示もなく，いきなり説明が始まるパターンです。科学絵本に多く見られます。文章を読み進め，各段落の説明の共通点を見付けたり，まとめの文章から判断したりしながら，全体を貫く「問い」を見付ける必要があります。</td></tr>
</table>

長い文章の場合には，冒頭部だけでなく，途中に「問い」が含まれているものもあります。途中にある「問い」は，①冒頭部で示された「問い」と同等のもの，②冒頭部で示された「問い」から派生したもの，③冒頭部で示された「問い」から新たな「問い」を投げかけているものという３つの場合があります。

ポイントシートの活用法

「問い」が明記されていない場合，児童は見付けにくいでしょう。「問い」が見付けにくい文章を準備しておき,「問い」を探したり,「問い」を考えたりする場を設定すると効果的です。

せつめい文には　どんなといがあるの？

「せつめい文」は，ふつうはじめのところに「なぜ？」「どのように？」などの「とい」がかかれています。そして，「とい」にこたえるようにせつめいされているのです。でも，「とい」がはっきりかかれていないものもあります。みなさんは，「とい」がはっきりかかれていないとき，「とい」を見つけることができていますか？「とい」の見つけ方を教えてあげましょう。

さあ，「とい」をさがしにいこう!!　「とい」のことばがめじるしだよ。

「？」（とい）が見えている

「とい」のことばはどこかな?!　あせらずによく見てごらん。そこにあるよ。

①虫はかならずひげを2本もっています。
②虫はうごいているとき、たいてい、そのひげもうごかしています。
③いったい　ひげは　どんなはたらきをしているのでしょう。
④虫のようすをよく見てみましょう。
⑤えんまこおろぎが、くらいところで、ながいひげをのばして、じめんをさわっています。まわりのようすをさぐっているようです。
⑥ごきぶりのひげを、ためしにとってみましょう。おや、えさが目のまえにあるのに、なかなかたどりつけなくなってしまいました。…

参考文献『新日本動物植物えほん19　虫のひげ』（新日本出版社）

「？」（とい）がかくれている

「とい」がかくれてしまっているよ。どこにかくれているか分かるかな。③はせつめいがはじまっているから，ほんとうは②と③のあいだに「とい」があるんだよ。

①虫はかならずひげを2本もっています。
②虫はうごいているとき、たいてい、そのひげもうごかしています。
③虫のようすをよく見てみましょう。
④えんまこおろぎが、くらいところで、ながいひげをのばして、じめんをさわっています。まわりのようすをさぐっているようです。
ごきぶりのひげを、ためしに…

「？」（とい）が見えない

いきなりせつめいがはじまったね。このように「とい」が見つからないこともある。よみすすめていこう。なんのことをずっとせつめいしているかな。じつはそれが「とい」で，ひっしゃがせつめいしたいことなんだよ。

①えんまこおろぎが、くらいところで、ながいひげをのばして、じめんをさわっています。まわりのようすをさぐっているようです。
②ごきぶりのひげを、ためしにとってみましょう。おや、えさが目のまえにあるのに、なかなかたどりつけなくなってしまいました。…

2．時間や事柄の順序を考えて，内容の大体を読もう

ポイントシートのねらい

時間の経過や事柄の順序などに沿って例を挙げながら説明している説明文について，内容の大体を読むにはどのような段階を踏めばよいのかを示したものです。

ポイントシートの解説

説明文の内容の大体を読み取る段階を「魚の眠り方」という説明文を例に取り上げています。

「内容の大体１」という段階では，説明文の題名を読んで，どんなことが書いてあるのか予想する段階です。「魚の眠り方」という題名を読むと，魚全般のことが書いてあるのではなく，魚の眠り方について特化した説明文だろうということが予想出来ます。

「内容の大体２」段階では，説明文を「冒頭部（始め）」「展開部（中）」「終結部（終わり）」の３つに分けます。「魚の眠り方」は，冒頭部が第１段落，展開部が第２～４段落，終結部が第５段落の３つに分けることが出来ます。

冒頭部（始め）	前提となる事実，問い（ないこともある）
展開部（中）	説明するものの例は，時間で説明しているのか，事柄の順序で説明しているのか。例２，例３…はどのような順序で説明しているのかをつかむ。
終結部（終わり）	まとめ（ないこともある）

「内容の大体３」段階では，冒頭部の「魚はどのようにねむるのでしょうか。」という問いに対して，「展開部」で例を挙げて説明していることを理解することです。また，展開部の例はどのような順序で並べてあるのかも把握しなければなりません。並べ方の例には，次のようなものがあります。

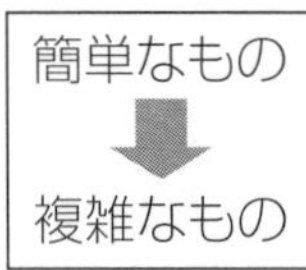

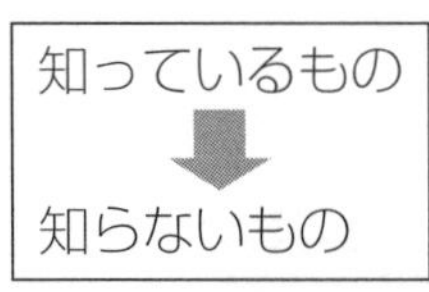

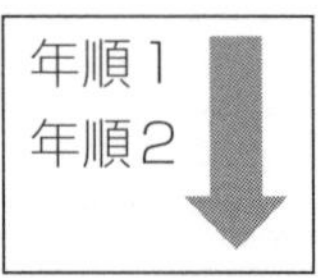

成長・生育の順序　　物を作る順序　　月・日の順序

「内容の大体４」段階では，「内容の大体１～内容の大体３」の段階までに把握したことを箇条書きにする段階です。それをまとめて文章にしたものも参考として掲載しました。

ポイントシートの活用法

展開部における例の順序がどのような順序で並べてあるのか分からない時には，上の表を参考にして考えるとよいでしょう。

じかんやことがらのじゅんじょをかんがえて，ないようのだいたいをよもう

せつめいぶんをよむには，なにがかいてあるのかというないようのだいたいをよむことがだいじですね。でも，どのようにすればないようのだいたいをよむことができるのでしょうか。じっさいにれいをみてみましょう。

ないようのだいたい 1

だいめいをよんで，どんなおはなしなのかつかもう！

「さかなのねむりかた」というだいめいだから，さかなのことぜんぶではなくて，ねむりかたにちゅうもくしてかいてあるおはなしだね。

ないようのだいたい 2

ぜんたいを「はじめ」「なか」「おわり」の3つにわけて，それぞれどんなことがかいてあるのかメモしよう！

ぜんたいは3つにわけられるよ。「はじめ」の①にあるといは「さかなはどうやってねむるのか」だね。「なか」はれい1～3で②③④だね。「おわり」はまとめだから⑤だね。

ないようのだいたい 3

「なか」のれいは，いろいろなじゅんじょがあるので，どんなことがかいてあるのかメモするといいね！

「なか」の3つの「れい」は，「しっているもの」から「しらないもの」というじゅんじょだね。

ないようのだいたい 4

ないようのだいたいをかこう！

○「さかなのねむりかた」というおはなし
○およいでいるときにどのようにねているのかをかいてある。
○れいは，3つ。「しっているもの」から「しらないもの」というじゅんじょ。

だいめい	はじめ	なか	おわり
	「とい」がある。	「れい1，れい2，れい3…」がある。	「まとめ」がある。
さかなのねむりかた	①さかなはいつもおよいでいますが，ねむるときもあります。でも，ほとんどのさかなにはまぶたがないので，わかりません。さかなはどのようにねむるのでしょうか。	②ウナギは，ひるにすなにもぐってねます。てきからみをまもるためです。 ③カワハギはよるになるとかいそうを口にくわえたままねます。ねているあいだにながされないようにするためです。 ④クマノミは，どくをもつイソギンチャクときょうせいしています。イソギンチャクのなかでねます。	⑤このようにさかなのしゅるいによってどのようにねるのかがちがっています。

しっているもの
↓
あまりしらないもの

きせつのじゅんじょ
はる ➡ なつ ➡ あき

ものをつくるじゅんじょ
まず ➡ つぎに ➡ さいごに

まとめると

さかなのねむりかた
さかなはいつもおよいでいますが，どのようにねむるのでしょうか。さかなはいろいろなほうほうをもちいてみをまもりながらねています。

3．説明文に使われている「言葉」を見付けよう

ポイントシートのねらい

低学年の説明的文章の教材文に多く使われている表現を「始め」「中」「終わり」ごとにまとめたものです。説明文に使われる表現には，「問いの表現」「事実（事例）を示す文末」「理由を示す表現」「順序を表す言葉」「接続語」など，説明文の構成を支える表現があります。

ポイントシートの解説

「始め」では，「何について説明するか」（話題の提示）と「問い」の文例を示しています。入門期には，話題の提示がなく，「問い」から始まっているものもあります。

【問い】・これはなんの〇〇でしょう。（対象）　・なんのためでしょう。（目的・理由）
・どのようなつくりになっていますか。（構造・形態）
・どのように〇〇していますか。（構造・形態）
・どのようにして〇〇のでしょう。（順序・手順・方法）

低学年の説明文では，事物の「構造」や「形態」等を【事例】とその【理由】という順序で説明したり，事物の作り方を【手順】を表す言葉，動植物の生長の様子を【時間の経過】を表す言葉を使って説明したりしています。

そこで，「中」では，【事例】とその【理由】，作り方の【手順】【時間の経過】を表す言葉について，表現と文例に分けて整理しています。他に，以下のようなものがあります。

【事例（れい）】	【理由（わけ）】	【手順】	【時間の経過】
・これは～ の～ です。	・ですから	・はじめに	・～ になると
・～ は，～ のための～ です。	・そのために	・つぎに	・～ のあと，
・～ では，～ します。	・だから	・それから	・～ 日すぎると
	・～ために～のです。	・また	・しばらくすると
	・～ からです。	・さいごに	・～ が～ するころ

「終わり」では，「まとめ」の表現と文例を示しています。低学年の説明文では省略されているものも多くあります。

ポイントシートの活用法

複数の説明文から，「はじめ」の部分だけを読み，「問い」の文章を書き抜いて集めたり，集めたものを分類・整理したりする活動をしましょう。「事例」を説明した文章の例示の表現や，物事の「順序」を説明した文の順序を表す表現も，同様の活動が可能です。

せつめい文につかわれている「ことば」を見つけよう

せつめい文には，「とい」とその「こたえ」がかかれています。「とい」や「こたえ」をさがすとき，手がかりとなることばがあります。文のはじめやおわりに目をむけて，どんなことばがつかわれているか見つけましょう。

はじめ
なにについてかくかをしめすことば
～は，～しています。
～は，～です。
とい
なぜ～なのでしょう。
どんな～でしょう。
・山では，いろいろな虫がくらしています。
・やさいは，しょくぶつです。
・ほたるは，なぜ，ひかるのでしょう。
・ぞうのあしは，どんなかたちをしているのでしょう。
なか
れい
これは，～です。
～は，
～な～です。
・これは，ぞうのあしです。
・ながぐつは，あめのときにはくはきものです。
わけ
ですから
そのために
・ですから，たくさんのまどがついています。
・そのために，がっちりしたつめが…
つくり方のじゅんじょ
はじめに（まず）
つぎに
・はじめに，かみのまんなかにまるをかきます。
・つぎに，かみを二つにおります。
時間のじゅんじょ
～になると
～くらいたつと
・はるになると，あかいはながさきます。
・5日くらいたつと，はなはしぼん…
おわり
まとめ
このように，～
こうして，～
・このように，はきものには，いろいろなやくわりがあります。
・こうしてぶんぶんごまができあがります。

4．本の表紙を読もう

ポイントシートのねらい

本の表紙からいろいろな情報を得るための読み方の観点を示したものです。「表紙を読む」ことを通して，本文のおおまかな内容を理解出来るようにすることがねらいです。

ポイントシートの解説

本の表紙にある共通の要素には４つの観点があります。

図表や写真	科学読み物の表紙には，タイトルに関係したイラストや写真が多く使われています。折れ線グラフやビーカー等の略図が使われていることもあります。「図表」には，グラフ，チャート図，ベン図，表等があります。
タイトル	タイトルから内容を予想することが出来ます。 ものの名まえ…その文章で説明している対象そのものを示す。 （つばめ，たんぽぽ，しもばしら　等） 名まえ＋説明…名前に何らかの動詞，筆者の考え等が付いている。 （カラスの大研究，海をわたるツル，へびのひみつ　等） なかまわけをしたもの…～～のなかま，△△の□□　等，対象の共通性に注目している。 （スズメのなかまたち，水辺のとり，トンボのなかま， 海にすむ動物たち　等） ○○ずかん…たくさんの写真や挿絵などを使って説明している。 （くちばしのずかん，たねのずかん，実物大恐竜図鑑　等）
本を作った人の名まえ	筆者名，写真家，画家，訳者，編集者，監修者等があります。書かれている名前は，１人の場合もあれば複数・グループの場合もあります。
出版社名	○○社，○○書店，○○書房，○○研究所，○○館等があります。出版社名が表紙にはなく，背表紙や裏表紙に書かれている場合もあります。出版社が同じ本には，「動物のふしぎな世界シリーズ」「なぜ？どうして？科学のお話シリーズ」「科学のアルバムシリーズ」「○○の大研究シリーズ」等があります。

ポイントシートの活用法

タイトルを読んでどんなことが書いてあるか，図表や写真からどんなことが分かるか予想して話してみたりするとよいでしょう。

（参考文献：井上一郎編著・古川元視著『アクティブ・ラーニングをサポートする！学校図書館活用プロジェクト　掲示ポスター＆ポイントシート事典』）

本のひょうしをよもう

どうぶつやこん虫，草・花などの本をよむと，はじめてしることがあってたのしいですね。
あなたは，よみたい本をえらんだら，すぐにページをひらいていませんか。
でも，「本のひょうし」をよくよむと，たくさんわかることがありますよ。
ひょうしの中の①ずひょうやしゃしん，②タイトル，③本を作った人の名まえ，④出版社（しゅっぱんしゃ）の名まえをよみましょう。ここでは，「とり」についての本をれいに，「本のひょうし」をよむということをやってみましょう。

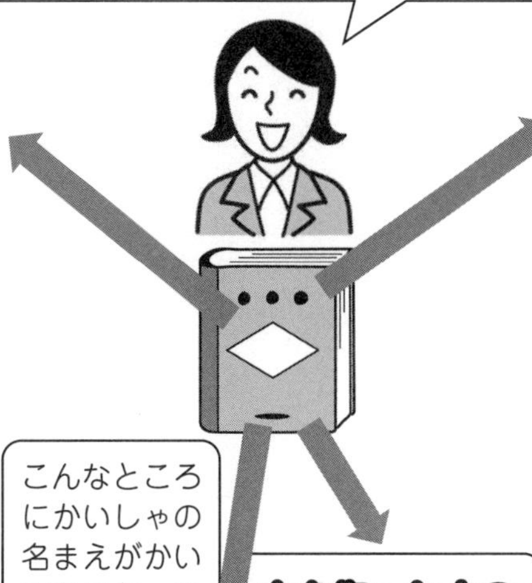

ずひょうやしゃしんをよもう

よくみると，いろんなことがわかりますよ。

①とりのすがた，色，大きさなどがわかる

『スズメのなかまたち』
スズメのからだのようすがわかります。

②なんしゅるいかのちがいがわかる

『みぢかなとり』
それぞれのくちばしのかたちや大きさがちがうことがわかります。

③とりのくらしのようすがわかる

『ニワシドリのひみつ』
ニワシドリがじぶんでつくる「あずまや」（休むところ）がどんなものなのかがわかります。

こんなところにかいしゃの名まえがかいてあるね。これは何かな？

出版社（しゅっぱんしゃ）の名まえをよもう

○○社…
本を作ったかいしゃの名まえ。おなじ出版社（しゅっぱんしゃ）なら，シリーズになっていることがあります。

本を作った人の名まえをよもう

名まえについていることばのいみは…

文（ぶん）
…文しょうをかいた人

写真（しゃしん）
…しゃしんをとった人

絵（え）…えをかいた人

訳者（やくしゃ）
…外国のことばを日本のことばになおした人

編集（へんしゅう）
…文しょうとえやしゃしんをくみあわせた人

監修（かんしゅう）
…本をよりよくするためにいけんをいった人

タイトルをよもう

タイトルには，よこがきも，たてがきもあるよ。しゅるいにわけると…

①とりの名まえだけ

『つばめ』
…ずばり，せつめいしているとりをしょうかいしています。

②名まえ＋せつめい

『カラスの大けんきゅう』
…カラスにはどんなちえがあるのか，なぜゴミをあさるのか，カラスのことわざにはどんなものがあるかなどをけんきゅうしてかいています。

『海をわたるツル』
『魚をとるとり』
『カワセミ 青いとりみつけた』
…とりのとくちょうをせつめいしています。

③なかまわけをしたもの

『スズメのなかまたち』
『水辺のとり』
『野鳥（やちょう）のかんさつ』
…なかまのとりをあつめて，おなじところやちがいをくらべながらせつめいしています。

④○○ずかん

『ずかん　とり』
『くちばしのずかん』
…たくさんのしゅるいのとりのしゃしんやえをつかってせつめいしています。

5．メモの取り方やまとめ方を工夫しよう

ポイントシートのねらい

情報を忘れてしまわないようにメモを取る必要性と，取ったメモの整理方法を示したものです。ここではメモに使う物として，付箋とカードを使った2つの整理の仕方を紹介しています。

ポイントシートの解説

ポイントシートの左側に付箋を使った整理方法，右側にカードを使った整理方法を示しています。

●付箋：ポイントシートの左上に付箋によるメモの取り方，左下に付箋によるまとめ方

付箋	手順	留意点
メモの取り方	①必要な情報があるページに付箋を貼る。	後で必要な情報があるページをさがすため。
	②付箋に情報をメモする。	短い言葉でメモをする。
	③付箋を観点に沿って並びかえる。	観点ごとに分ける。(「形」「大きさ」「はたらき」等)
まとめ方	①付箋の中から大事な情報を選ぶ。	項目ごとに情報を選ぶ。（3つずつくらい）
	②選んだ情報を別の紙にまとめる。	長持ちしやすい紙に整理する。

●カード：ポイントシートの右上にカードによるメモの取り方，右下にカードによるまとめ方

カード	手順		留意点	
メモの取り方	項目ありカード	項目なしカード	項目有りカード	項目なしカード
	調べることを見出しとして書いておき，見出しに沿って情報を選び，メモする。	読みながらメモを書いていく。	カードにあらかじめ項目を書きこめる枠を作っておく。	メモのキーワードに印をつけておくと分かりやすい。
まとめ方	見出しや内容によってカードを分類する。		カードを並べ全体を把握した後に分類する。	
	分類ごとにリングを通してカードをまとめる。		カード集の表紙に大見出しを書く。	

ポイントシートの活用法

まず，調べる目的（紹介するために，昆虫を育てるために等）を明確にしてその目的に応じた観点（昆虫を育てるためにという目的の場合は，観点はすみかやえさ等）を決めるとよいでしょう。付箋を使う時は，観点によって付箋の色を変えたり，観点ごとに台紙の色を変えて付箋を貼り直したりすると情報をまとめやすくなります。また，カードは，並べて全体を把握したり，分類したりする時に便利です。

（参考文献：井上一郎編・古川元視著『読書活動でアクティブに読む力を育てる！小学校国語科言語活動アイデア＆ワーク』）

メモの　とりかたや　まとめかたを　くふうしよう

かがく読みものを読むと今までしらなかったことをたくさんしることができます。でも，読んだだけではわすれてしまうこともありますね。たいせつなことをわすれないようにみじかいことばで書くことを「メモをとる」といいます。メモは，ふせんやカード，ノートなどにとります。ここでは，ふせんやカードのつかいかたをしょうかいします。

カマキリの「かま」ってかっこいい！「かま」をくわしくしょうかいしたいな！

セミでなくのは，オスだけ。オスとメスのからだのちがいは？カードをつかってかんがえよう。

メモのとりかた

ふせん

パッとはさんではがせる！

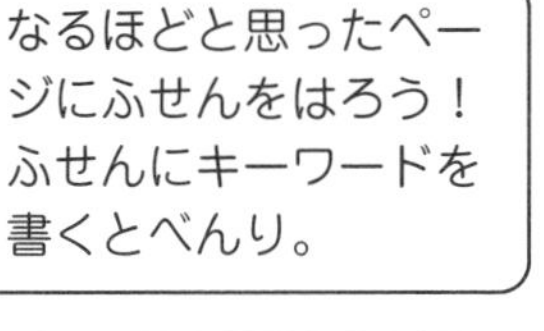

なるほどと思ったページにふせんをはろう！ふせんにキーワードを書くとべんり。

かたち	大きな前足
	内がわにとげ
はたらき・形	ものをとらえる
	とげで，はなさない

カード

じょうぶで長もち！

こうもくありカード

はらのちがい
うろこのような形が２まいついているのがオス。メスにはない。

こうもくにしらべることを見出しとして書いておこう！　メモを書くときにべんり！

こうもくなしカード

はらがちがう。オスは，はらにうろこのような形が２まいついている。

たいせつなことをどんどんメモしておこう！

メモのまとめかた

しょうかいするためにメモをまとめなおす

①だいじなメモをえらぼう！

- 前足でえものをとらえる
- とげで，はなさない

②ふせんのじょうほうをべつの紙にまとめよう！

ふせんは，はがれやすいよね！

カマキリの前足は大きなぶき。えものをとらえて，とげでにがさない形をしている。草かりかまみたい。

ならべてなかまわけ。リングにとおしてひとまとめ！

①カードをならべてなかまわけしよう！

はらのちがい	こまく
うろこのような形がついているオス。	うろこの形のふくべん。ふくべんの下にこまく。

②なかまをリングでまとめよう！

もちはこびにべんり！

オスがなくひみつ

6．文章の内容と自分の経験とを結び付けて考えをもとう

ポイントシートのねらい

本や文章から読み取った内容と，自分の経験と重ね合わせて，自分なりに考えることを示したものです。

ポイントシートの解説

- 本に書いてあったことと自分の経験や知識，文章を読みながら思い浮かんだこと，2つを結び付けて考えたことを，ポイントシートの横3列に配置しています。
- 「ちゅうすけ」の吹き出しで，経験や思い浮かんだことのカテゴリー分けを示しています。
- 「ちゅうすけ」は「うまくいかなかった」「みたことがある」「しらなかった」ことについて経験を思い出しています。他にも，「まえとちがう」「したことがある（ない）」「聞いたことがある」「触ったことがある」「食べたことがある」「読んだことがある」「知っているけれどやったことはない」「続けていることがある」などがあります。
- 「考えたこと」は，本の内容と自分の経験・思い浮かんだことの両方を踏まえて表現しています。左から右へ向かって，矛盾のない考えになっていることを押さえてください。

ポイントシートの活用法

ポイントシートは，読みながら経験に照らして書いてあることに考えを巡らすことを目指しているものです。本を読んで感想を書けるようにすることはねらいとしていません。

低学年の児童は，自分の中にどのような知識や経験があるのかが思い浮かばないことがあります。具体的な場面をイメージさせるために，画像を見せたり，例を挙げたりするなどのサポートがあるとよいでしょう。

経験は「経験がある」ことだけではなく「経験がない」ことも含まれることを伝えましょう。

児童が経験を思い出したら，指導者は比べたり，関連付けたりする言葉をかけて，児童の思考を刺激することが大切です。

文しょうのないようと自分のけいけんとをむすびつけてかんがえをもとう

本や文しょうをよむとき，「これ，しってる」「あのときとおなじだ」とおもうことがあるよね。文しょうのないように，じぶんのけいけんをむすびつけるとかんがえがふかまるよ。『さつまいもをそだてよう』をよみながらかんがえたことをつたえるね。
ちゅうすけ

そういえば…

というこことは…
だったら…

本のないよう

さつまいもをそだてるのは、かんたんです。なえをうえたら、いろいろせわをしないで、ほおっておきます。
みずやひりょうをやりすぎ……

けいけん　おもいうかんだこと

【うまくいかなかった】
おばあちゃんとはたけでとうもろこしをつくったとき，むしがついておせわがたいへんだったよ。さつまいもは，おせわしないんだ。

かんがえたこと

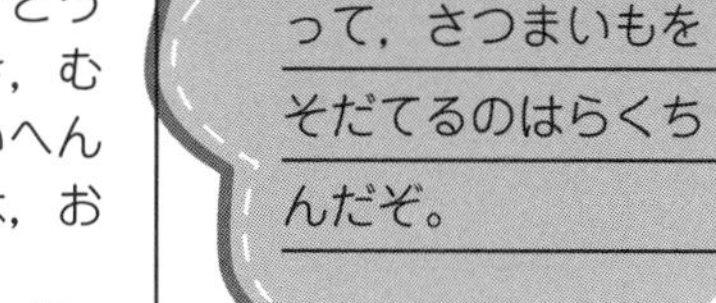

とうもろこしとちがって，さつまいもをそだてるのはらくちんだぞ。

さつまいもはたくさんのしゅるいがあります。いくつかしょうかいします。
①ベニアズマ
ホクホクした…
②シルクスイート
ねっとりした…

【みたことがある】
おみせにうっているのは「あんのういも」ってかいてあった。本には，のってないな。

こんどみんなでそだてるさつまいもはどのしゅるいかな。

さつまいもは、じつはもともとがいこくのたべものでした。メキシコでつくられていたものが、ヨーロッパ、ちゅうごくにひろがり、えどじだいににほんに
……

【しらなかった】
さつまいもはにほんのたべものだとおもっていたよ！　メキシコ，ヨーロッパ，ちゅうごくって，がいこくのなまえかな。

メキシコはどんなくにかな。しらべてみたいな。としょかんのせんせいにきいてみよう。

7．読んだ本について好きなところを紹介し合おう

ポイントシートのねらい

それぞれに読んだ本の好きなところを見付ける視点を示したものです。

ポイントシートの解説

個人で選んだ本を紹介するプロセスを２つのステップで示しました。「本の好きなところを見付けよう」では，図書館にある科学読み物から，低学年の児童が魅力的に感じそうなものを集めて例示しました。「好き」という概念を広げ，ここでは７つをポイントシートにして紹介しています。

内容が好き	・知らなかったことや見たことのないものがのっている ・実験や観察の方法がおもしろい　・役に立つ　・やってみたくなる ・詳しく説明されている
写真や絵が好き	・写真がきれい　・見たことのない景色を見ることが出来る ・写真の目線が様々　・大きい写真で迫力がある ・実物と同じ大きさで分かりやすい　・写真がたくさんある
比べてあるのが好き	・視点ごとに比較してある　・種類が多い　・特徴がはっきりと分かる
説明の仕方が好き	・マンガがある　・キャラクターが説明する　・ランキングがある ・動物などが擬人化して説明する
題名が好き	・題名がおもしろい
遊びながら読めるから好き	・ゲームがある　・クイズがある ・自分で書き込みながら読むことが出来る ・見付けたものにチェックを付けることが出来る ・飛び出したり，めくったりする仕掛けがある
作者が好き	・自分の好きな作者である

「好きなところを紹介しよう」では，簡単に紹介の手順と例を挙げました。手順に沿って，本を見せながら紹介したり，クイズを出してみたりといった工夫をしてみるのも効果的です。

ポイントシートの活用法

言葉だけでは難しい時は，教師が実際に本を手に取りながら，説明するとよいでしょう。好きなところを見付けるのが難しい児童に対しては，「こんなところを見ると好きになれるよ」とヒントを与えるのに活用してください。

よんだ本についてすきなところをしょうかいしあおう

としょしつですきな本を見つけたら，友だちにもおしえてあげたくなりますよね。でも，どんなところをしょうかいしたらよいのかわからないときはありませんか？　すきなところを見つけて，しょうかいのしかたをいっしょにかくにんしてみましょう。

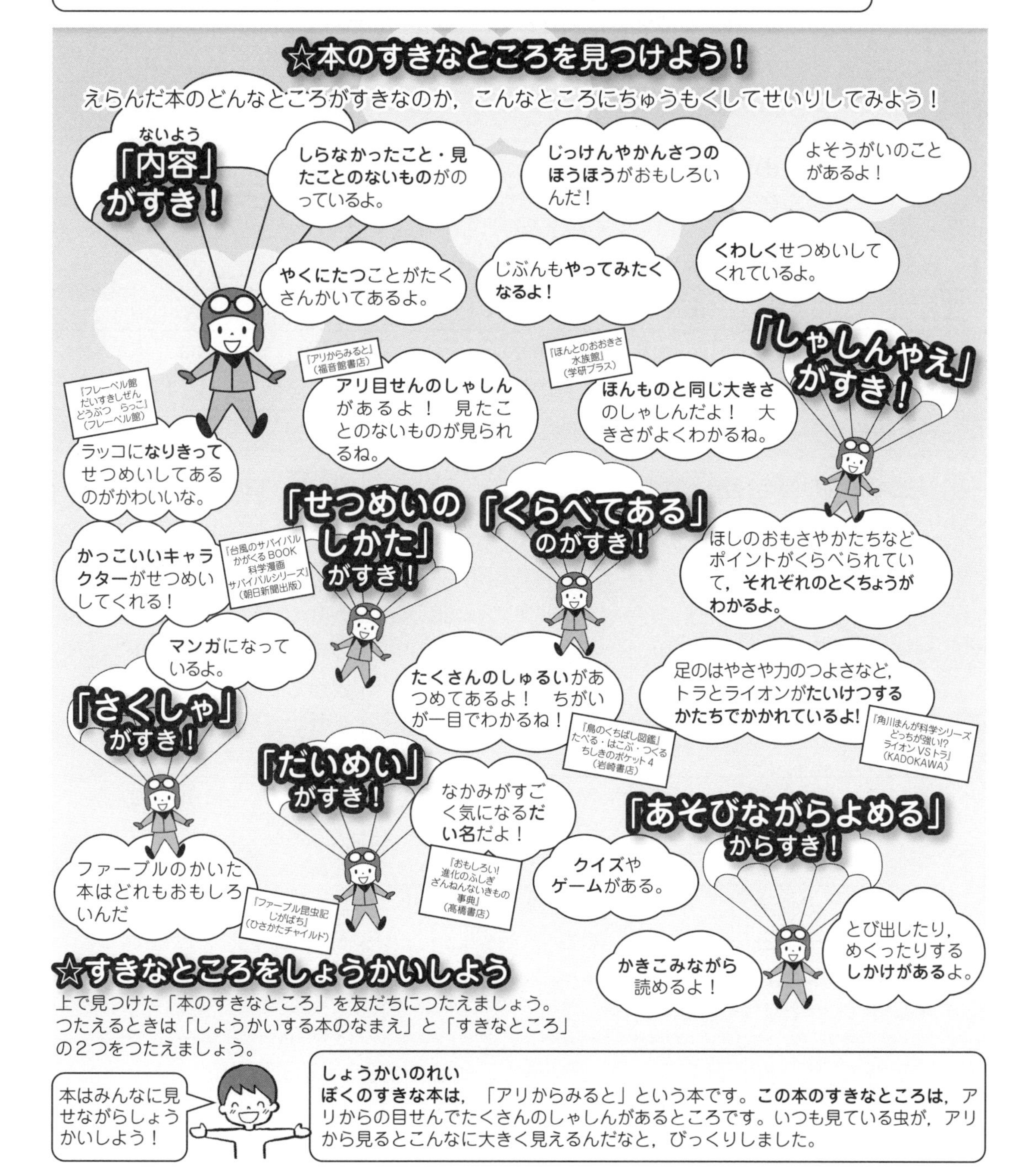

☆本のすきなところを見つけよう！
えらんだ本のどんなところがすきなのか，こんなところにちゅうもくしてせいりしてみよう！
「内容（ないよう）」がすき！
しらなかったこと・見たことのないものがのっているよ。
じっけんやかんさつのほうほうがおもしろいんだ！
よそうがいのことがあるよ！
やくにたつことがたくさんかいてあるよ。
じぶんもやってみたくなるよ！
くわしくせつめいしてくれているよ。
「しゃしんやえ」がすき！
『アリからみると』（福音館書店）
アリ目せんのしゃしんがあるよ！　見たことのないものが見られるね。
『ほんとのおおきさ水族館』（学研プラス）
ほんものと同じ大きさのしゃしんだよ！　大きさがよくわかるね。
『フレーベル館 だいすきしぜん どうぶつ　らっこ』（フレーベル館）
ラッコになりきってせつめいしてあるのがかわいいな。
「せつめいのしかた」がすき！
「くらべてある」のがすき！
ほしのおもさやかたちなどポイントがくらべられていて，それぞれのとくちょうがわかるよ。
『台風のサバイバル かがくるBOOK 科学漫画サバイバルシリーズ』（朝日新聞出版）
かっこいいキャラクターがせつめいしてくれる！
マンガになっているよ。
たくさんのしゅるいがあつめてあるよ！　ちがいが一目でわかるね！
『鳥のくちばし図鑑』たべる・はこぶ・つくる ちしきのポケット４（岩崎書店）
足のはやさや力のつよさなど，トラとライオンがたいけつするかたちでかかれているよ！
『角川まんが科学シリーズ どっちが強い!? ライオンVSトラ』（KADOKAWA）
「さくしゃ」がすき！
ファーブルのかいた本はどれもおもしろいんだ
『ファーブル昆虫記 じがばち』（ひさかたチャイルド）
「だいめい」がすき！
なかみがすごく気になるだい名だよ！
『おもしろい! 進化のふしぎ ざんねんないきもの事典』（高橋書店）
「あそびながらよめる」からすき！
クイズやゲームがある。
かきこみながら読めるよ！
とび出したり，めくったりするしかけがあるよ。

☆すきなところをしょうかいしよう

上で見つけた「本のすきなところ」を友だちにつたえましょう。つたえるときは「しょうかいする本のなまえ」と「すきなところ」の２つをつたえましょう。

本はみんなに見せながらしょうかいしよう！

しょうかいのれい
ぼくのすきな本は，「アリからみると」という本です。**この本のすきなところは，**アリからの目せんでたくさんのしゃしんがあるところです。いつも見ている虫が，アリから見るとこんなに大きく見えるんだなと，びっくりしました。

8．説明文や科学読み物の題名はどうやって付けているの ?!

ポイントシートのねらい

説明文や科学読み物の題名を分類し，どのように題名を付けているかを分析することを楽しませるようにまとめたものです。本の題名を筆者がどういう理由で付けたのか知っていると本を読む時に役に立ちます。

ポイントシートの解説

題名から分かる筆者のねらいについて，Ⅰ及びⅡ①～③を例として紹介しています。

Ⅰ　説明対象を大きく括ったもの（右ページに載せてあるもの）は，太字にしています。

題名の付け方の種類	題名から筆者が伝えていること	本の題名の例
人の名前 物の名前　など	何について書いてあるか，一目で分かり，広く百科事典的に書いている。	**アリ**，**たんぽぽ**，乗り物，きょうりゅう，月，花など

Ⅱ　説明対象について，切り口を変えて説明したもの

<table>
<tr><th>題名の付け方の種類</th><th>題名から筆者が
伝えていること</th><th>本の題名の例</th></tr>
<tr><td>①説明対象＋筆者のものの見方，考え方
「～のひみつ」，「～のなぞ」
「～のふしぎ」，「～のぼうけん」</td><td rowspan="2">・ものの考え方を分かりやすく比喩化している。
・クイズや問題提起文にして，読者向けの表現としている。</td><td>しんじゅのひみつ，にじのひみつ，太陽のなぞ，コウモリのなぞ，体のふしぎ，ミミズのふしぎ，めだかのぼうけん</td></tr>
<tr><td>②説明対象＋読者向けの問い
「なぜ～なの？」「どうして～？」
「～とは，どういうことか？」</td><td>どうしてむしばになるの？
なぜいきをするの？
森を守るのはだれか？</td></tr>
<tr><td>③説明対象＋実験方法
「～実験」，「～観察」
「～自由研究」</td><td>・実験などをとおして特徴や性質を詳しく説明している。</td><td>おやつの実験，科学の実験，氷の実験，アサガオの観察，野鳥の観察，理科の自由研究</td></tr>
<tr><td>④説明対象＋本の種類
「～図鑑」，「～地図」，「～世界」</td><td>・何について書いているかが分かる。</td><td>ざんねんないきもの図鑑，野草地図，アリの世界</td></tr>
</table>

ポイントシートの活用法

説明文や科学読み物の題名の中には，そのものの名前で出てこない場合があります。例えば「はたらく虫たち」のようにどの虫について書かれているのか分からない場合は，目次を読むことでどんな虫について書かれているのか分かります。

説明文や科学読み物のだい名はどうやって付けているの？!

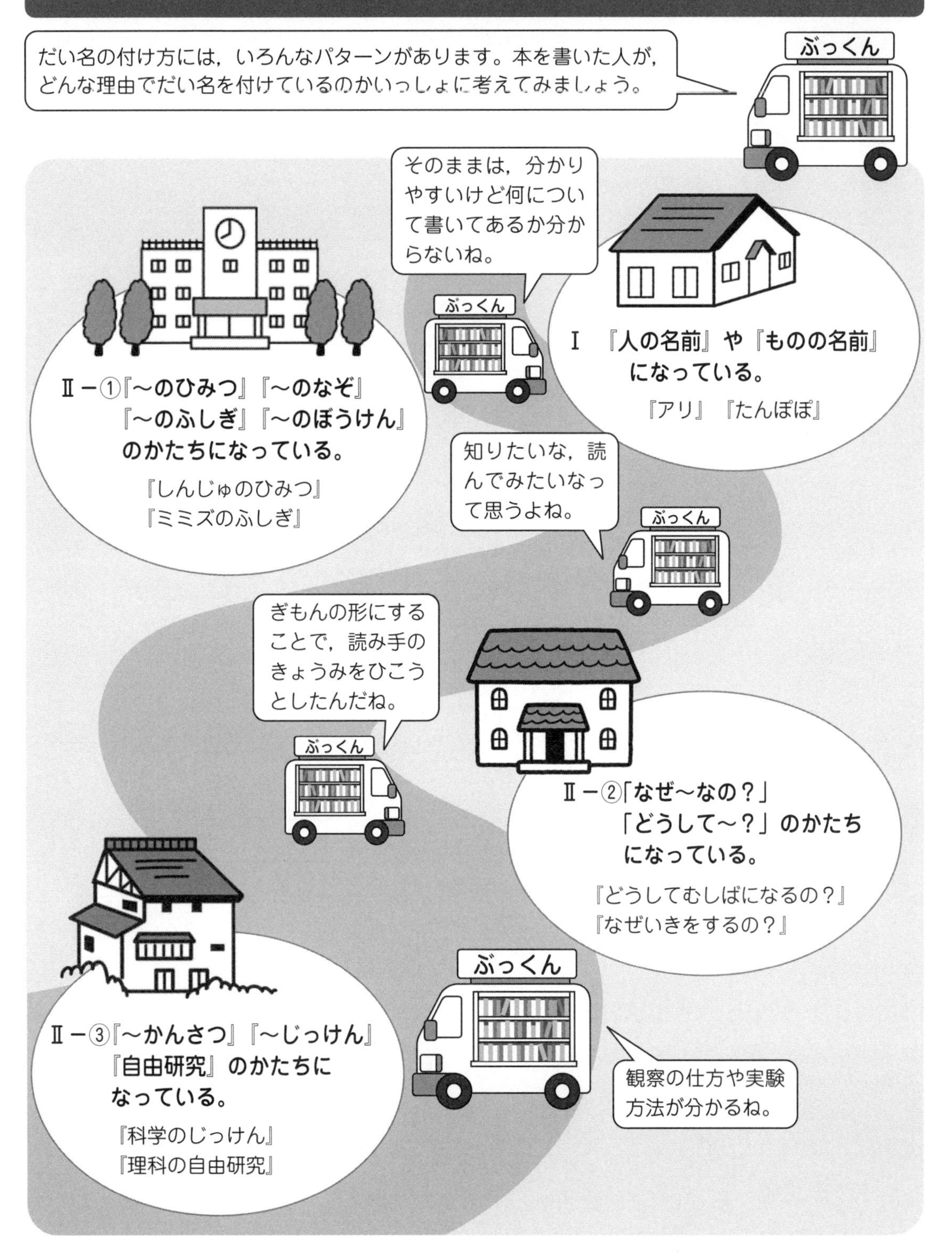

だい名の付け方には，いろんなパターンがあります。本を書いた人が，どんな理由でだい名を付けているのかいっしょに考えてみましょう。
ぶっくん
Ⅰ　『人の名前』や『ものの名前』になっている。
『アリ』『たんぽぽ』
そのままは，分かりやすいけど何について書いてあるか分からないね。
ぶっくん
Ⅱ－①『～のひみつ』『～のなぞ』『～のふしぎ』『～のぼうけん』のかたちになっている。
『しんじゅのひみつ』『ミミズのふしぎ』
知りたいな，読んでみたいなって思うよね。
ぶっくん
Ⅱ－②「なぜ～なの？」「どうして～？」のかたちになっている。
『どうしてむしばになるの？』『なぜいきをするの？』
ぎもんの形にすることで，読み手のきょうみをひこうとしたんだね。
ぶっくん
Ⅱ－③『～かんさつ』『～じっけん』『自由研究』のかたちになっている。
『科学のじっけん』『理科の自由研究』
観察の仕方や実験方法が分かるね。
ぶっくん

9．段落のつなぎ方に注目して文章を読もう

ポイントシートのねらい

説明文の文章構成を深く理解するために，段落同士がどのような関係になっているか説明の進め方を示したものです。説明の進め方には，いくつかのパターンがあります。説明の進め方が把握できると，どの段落でどのような事実や具体例を取り上げているか，どのように論を展開しているかが見えてきます。

ポイントシートの解説

筆者が説明したいことを伝えるため，どのように段落相互をつないでいるのか，３つの例を挙げました。「始め」「中」「終わり」の「中」の部分は，何を説明したいかによって，複数の展開の仕方があります。この展開の仕方を知っていることで，段落のつなぎ方が分かりやすくなり，文章の内容を深く読むことにつながります。

ポイントシートに挙げている他にも，以下のような展開の仕方があります。

展開の仕方	段落のつながり方
手順に沿って説明していく	ものの作り方など，活動ごとに段落が分かれている。
複数の事実を挙げ，そこから考えを導き出していく	１つの段落に１つの事実が書いてあり，どの段落も同じような書き方をしている。展開部の最後にまとめをしている場合もある。
比較・対照しながら結論を導き出す	比較・対照するものを段落ごとに書いて，共通点や相違点を明らかにしながら結論を導いていく。
反論を引き受けながら論を進めていく	筆者の意見に対する反論を出し，それを説得する形で説明が続けられていく。
様々な面から検討していく	あるテーマについて，複数の事象や考え方を提示し，そこから結論を導いていく。

ポイントシートの活用法

それぞれの段落に書いてあることが分かっても，段落のつなぎ方が分かりにくい場合もあるでしょう。その時は，段落の最初にある指示語に着目させ，前の段落の続きなのか，違う例を出すのか，反論したいのかなどを考えさせましょう。

（参考文献：井上一郎著『誰もがつけたい説明力』）

だんらくのつなぎ方に注目して文章を読もう

「はじめ」や「終わり」にくらべて，「中」はだんらくの数が多いから，そのまま読んでも，何がどのようなじゅんじょで書いてあるか分かりにくいですね。「中」のだんらくが，どのようなつながり方になっているかに気をつけて読んでみよう。

変わっていくじゅんじょにそって説明している文章

チューリップが球根から花をさかせるまでのじゅんじょで書いてあるな。だから，変わっていく様子がだんらくごとに書いてあるぞ。

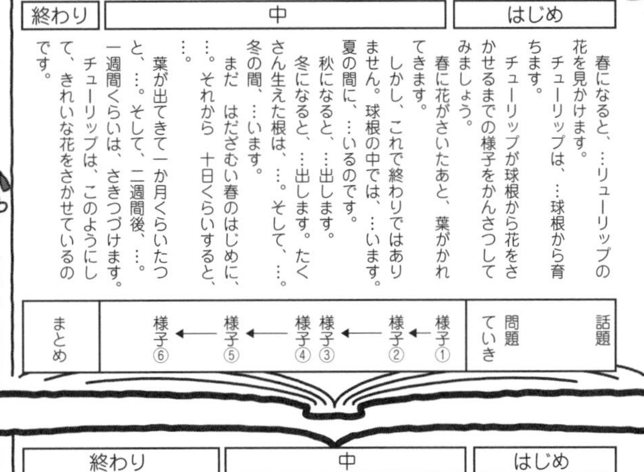

春になると、…リューリップの花を見かけます。

春に花がさいたあと、葉がかれてきます。
しかし、これで終わりではありません。球根の中では、…います。
夏の間に、…いるのです。
秋になると、…出します。

冬の間、…います。

葉が出てきて一か月くらいたつと、…。そして、二週間後、…。

チューリップは、このようにして、きれいな花をさかせているのです。

1つのだんらくに1つの例が書いてあるな。これが，問いの答えになっているぞ。リサイクルする前のものと，リサイクルした後の形が分かりやすい例から分かりにくい例のじゅんになっていることもポイントだ。

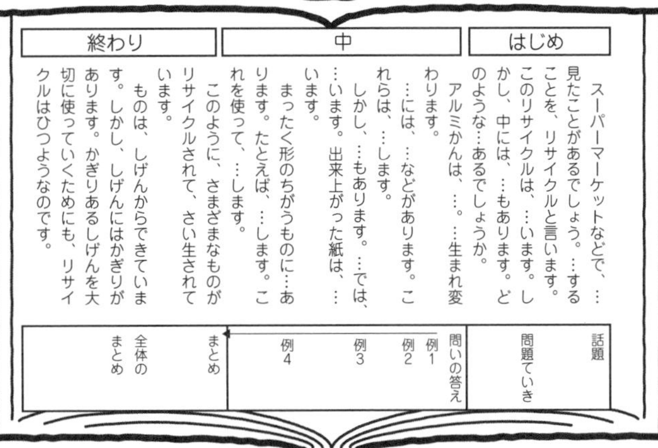

はじめ
スーパーマーケットなどで、…見たことがあるでしょう。…することを、リサイクルと言います。
このリサイクルは、…います。しかし、中には、…もあります。どのような…あるでしょうか。
中
アルミかんは、…。…生まれ変わります。
…には、…などがあります。これらは、…します。
しかし、…もあります。…では、…います。出来上がった紙は、…います。
まったく形のちがうものに…あります。たとえば、…します。これを使って、…します。
このように、さまざまなものがリサイクルされて、さい生されています。
終わり
ものは、しげんからできています。しかし、しげんにはかぎりがあります。かぎりあるしげんを大切に使っていくためにも、リサイクルはひつようなのです。
話題
問題ていき
問いの答え
例1
例2
例3
例4
まとめ
全体のまとめ

具体的な例から考えを進めていく文章

「中」は2つのことについて，例を挙げながら説明しているな。問いは，「中」のとちゅうまでしか，かかっていないことも分かるぞ。「終わり」にまとめていることを言うために，「中」の説明があるということも大切だな。

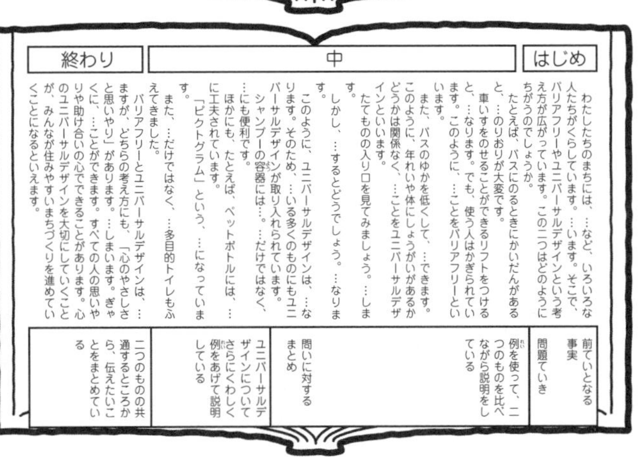

はじめ
わたしたちのまちには、…など、いろいろな人たちがくらしています。…います。そこで、バリアフリーやユニバーサルデザインという考え方が広がっています。この二つはどのようにちがうのでしょうか。
中
たとえば、バスにのるときにかいだんがあると、…のりおりが大変です。
車いすをのせることができるリフトをつけると、…なります。でも、使う人はかぎられています。このように、…ことをバリアフリーといいます。
また、バスのゆかを低くして、…できます。このように、年れいや体にしょうがいがあるかどうかは関係なく、…ことをユニバーサルデザインといいます。
たてものの入り口を見てみましょう。…します。
しかし、…するとどうでしょう。…なります。
このように、ユニバーサルデザインは、…なります。そのため、…いる多くのものにもユニバーサルデザインが取り入れられています。
シャンプーの容器には…。…だけではなく、…にも便利です。
ほかにも、たとえば、ペットボトルには、…に工夫されています。
「ピクトグラム」という、…になっています。
また、…だけではなく、…多目的トイレもふえてきました。
終わり
バリアフリーとユニバーサルデザインは、…ますが、どちらの考え方にも、「心のやさしさと思いやり」があります。…しまいます。ぎゃくに、…ことができます。すべての人の思いやりや助け合いの心でできることがあります。心のユニバーサルデザインを大切にしていくことが、みんなが住みやすいまちづくりを進めていくことになるといえます。
前ていとなる事実
問題ていき
例を使って、二つのものを比べながら説明をしている
問いに対するまとめ
ユニバーサルデザインについてさらにくわしく例をあげて説明している
二つのものの共通するところから、伝えたいことをまとめている

10. 事例の挙げ方や理由の説明の仕方に注目しよう

ポイントシートのねらい

書き手の考えがどのような事例によって具体化されているのか，どのような理由によって説明されているのかを示したものです。複数ある具体例の中から何を選択して事例としているのか，どのような理由説明を用いて意見や主張を裏付けているのかを叙述を基に正確に捉えることは，大切な読解力の１つとなります。

ポイントシートの解説

文章構成の「中」の部分には，筆者が伝えたいことを読み手に分かりやすく伝えるために，①どのようなことを事例として挙げているのか，②どのようなことを理由説明として挙げているのかを「事例カフェ」と「理由カフェ」の２つに分けて説明しています。

始め → 中 → 終わり

事例説明の方法	理由説明の方法
○成功事例	○マイナス面・プラス面の両面から述べる
○失敗事例	○複合的・多面的なものを関連付ける
○改善事例	○共通点・相違点を比べる
○取り組み事例（実践・指導）	○事例から帰納・演繹・類推する
○観察・調査事例	○項目の数を示す（理由は３つあります）
○経験・体験事例	○具体的数値を挙げる
など	など

[事例説明や理由説明の効果]

読み手のイメージが広がる。 説得力が増す。 納得させやすい。 信憑性が高まる。

ポイントシートの活用法

説明文を読む時「始め」「中」「終わり」の「中」に焦点を当て，分かりやすい説明の工夫に気付かせます。このポイントシートを見せて「どのような事柄や内容を使って説明していますか。」「どのように理由を説明していますか。」と投げかけることで，ポイントシートの１つ１つの観点に着目させます。また，ポイントシートの中には示されていないものに出合うこともあるでしょう。その時は，左ページに示していることを簡単な言葉に書き換えて配布したり，掲示したりすると学びの手助けとなります。

事例のあげ方や理由の説明の仕方に注目しよう

筆者は，伝えたいことを読み手に分かりやすく伝えるために，事例や理由をあげて説明しています。でも，具体的にどのような事例や理由があるのか分かりませんね。ここでは，自分が述べようとする内容や主張によって，どのような事例や理由の種類があるのかを紹介します。

どんな事例にしたいですか。

事例カフェ　MEMU

「事例」とは，実際に起こった「事」を「例」にあげること

うまくいった例

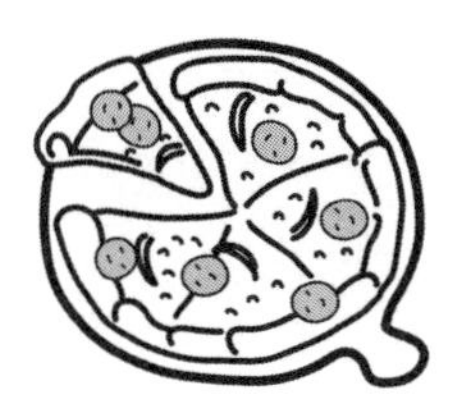
エピソード

調べた結果

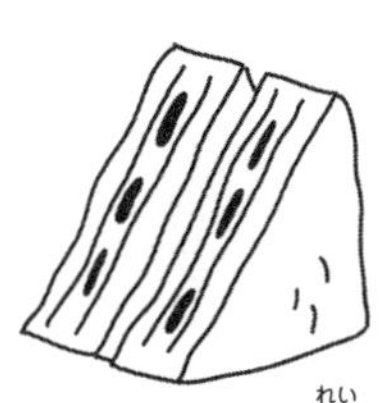
取り組んだ例

物によるしょうこをみせた例

にたような出来事

どんな理由説明がありますか？

理由カフェ　MEMU

☆効果抜群☆
説得力が増す。
イメージが広がる。

プラス・マイナス面

理由を３つ考える

くわしい数値を書く

つながりを示す
（構成）

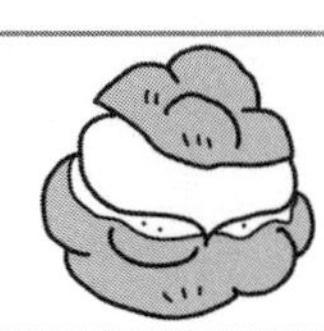
同じところ・ちがうところ

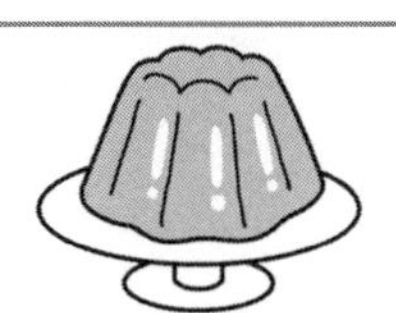
うまくいった例

11. 文章と図表や写真などの資料を確かめながら読もう

ポイントシートのねらい

解説文（文章）の根拠として示されている写真や図，表との整合性について吟味する力を身に付けるためのものです。書かれている文章を鵜呑みにせず，確かめる方法を理解出来るようにすることがねらいです。

ポイントシートの解説

●上部には，誤った解説文（文章）とその根拠となった図表や写真などの資料を載せています。下部は，キャラクターとともに，解説文（文章）の誤りを指摘するようにし，同時に，情報を吟味する方法を示しています。

●１つ目は，グラフの縦軸や横軸，タイトルなどを読み取らずに，グラフの形で判断したものです。グラフの大きさに目がいってしまい，解説文をよく吟味していないことを指摘しています。

●２つ目は，アンケート結果を自分の都合のよいように解釈している例です。アンケート結果は，項目全ての割合がどれくらいかを資料より確認する必要性を指摘しています。

●３つ目は，理由と根拠となっている資料（表）が結び付かず，自分で推論して因果関係を述べています。推論の元になっているデータを確認する必要性を指摘しています。

●４つ目は，写真（絵）が説明の根拠を示した資料ではなく，イメージとなっています。根拠となるには，他と比較したデータを基に解説する必要性を指摘しています。

●５つ目は，極端な増加と言えるには，経年で評価する必要性を指摘しています。また，説明文を基に，折れ線グラフなどを棒グラフや表に変換すると増えていないことに気付くことが出来ます。

●６つ目は，毎年の結果から来年を推論したものです。しかし，複数のデータを基に推論されたものではないので，推論の信憑性について指摘しています。

ポイントシートの活用法

図鑑や科学読み物を用いての調べ学習の導入部において，このポイントシートに注目させるとよいでしょう。特に，調査結果の説明と根拠となる資料との整合性に着目させることで，筆者の都合のよいように解釈されたものではないか，説明に無理がないか，客観的に判断させます。

（参考文献：井上一郎著『誰もがつけたい説明力』）

文章と図表や写真などのしりょうを確かめながら読もう

かいせつ文には，いっしょに図や表，写真がのっています。かいせつ文だけ読んで，分かった気になっていませんか。かいせつ文は正しいか，図や表，写真を見てたしかめながら読みましょう。

【1　じくの読み取りがまちがっている】

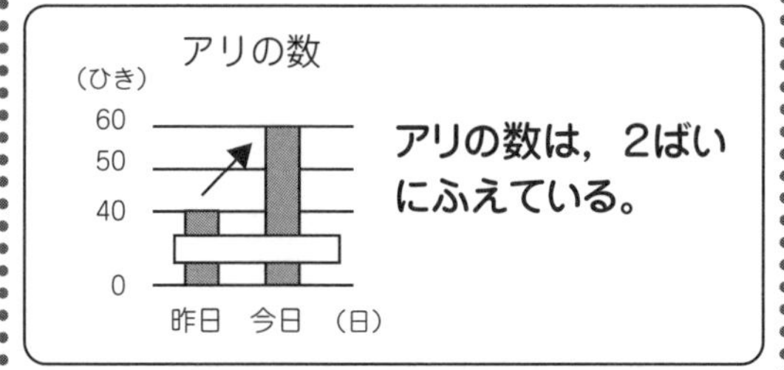

たてじくを見ると，２ばいにふえていないよ。たてじくに気をつけよう。

【2　アンケートの使い方がまちがっている】

ニンジンがきらいな人

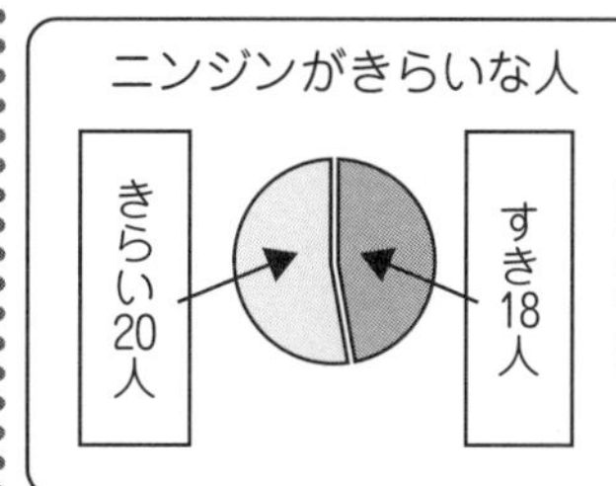

ほとんどの人は，ニンジンがきらいです。

差は２人です。すきな人も同じくらいいます。数字をよくたしかめよう。

【3　理由に無理がある】

虫歯の数

学年	虫歯の数
１年生	13 本
２年生	24 本

２年生に虫歯が多いのは，夜に歯みがきをしないからです。

２年生に多い理由は，表からは分かりません。元になる理由をたしかめよう。

【4　説明に無理がある】

リンゴは，青森県で１番多く作られています。

リンゴの写真だけでは，青森県が１番多いとは分かりません。元になるしりょうをたしかめよう。

【5　グラフの読み取りがまちがっている】

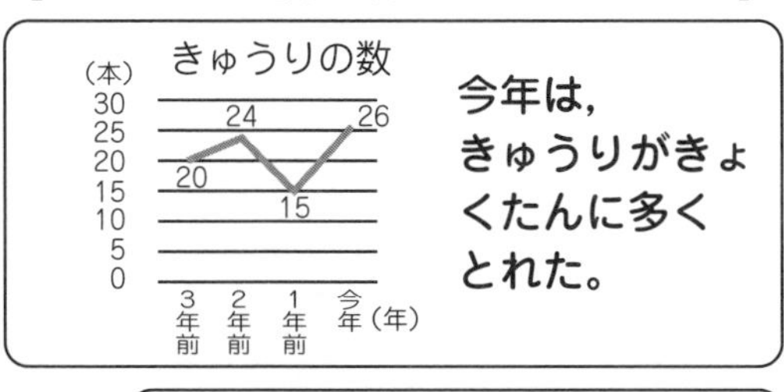

２，３年前とくらべると今年の量は，それほど変化はありません。たてじくに気をつけよう。

【6　表の読み方がまちがっている】

カブトムシのたまごの数

	数
２年前	12 こ
１年前	13 こ
今年	16 こ
来年	こ

［よそう］
来年は，18こ生まれるでしょう。

毎年，２こずつふえるか分かりません。理由をたしかめよう。

12. 目的にしたがって，文章の大事な言葉や文をとって要約しよう

ポイントシートのねらい

目的にしたがって，どのように説明文を要約すればいいのかを示したものです。

ポイントシートの解説

ダンゴムシについて調べていたら，３冊の図鑑を見付けました。しかし，図鑑に書いてあることが違います。そこで，図鑑ごとに要約して一覧表にまとめることにしました。その中の１冊「ジグザグに歩くダンゴムシ」を花子さんは要約しようと思いました。

１　目的や字数に合わせて要約が変わるぞ！

目的や字数によって，要約の仕方が変わります。「A　ダンゴムシの歩き方を要約する。(90字)」と「B　調査の仕方を要約する。(50字)」という２つの目的や字数を設定しました。

２　目的は「ダンゴムシの歩き方」なので，「始め」と「終わり」を中心に大事な言葉や文をとるぞ！	２　目的は「調査のしかた」なので，「中」を中心に大事な言葉や文をとるぞ！

目的に合わせて，「始め」「中」「終わり」のどこを中心に大事な言葉や文を取るのかが変わってきます。左のラインは，目的が「ダンゴムシの歩き方」なので，「中」を見て特に「始め」と「終わり」に注目して大事な言葉や文を抜き出します。右のラインは，目的が「調査の仕方」なので，それが多く書いてある「中」を中心に大事な言葉や文を抜き出します。

３　90字以内で要約文を書くぞ！	３　50字以内で要約文を書くぞ！

書き抜いた大事な言葉や文を基に，決められた字数で要約文を書きました。この時には，常体か，敬体か，構成をどうするのかなどを考える必要があります。

A　ダンゴムシの歩き方を要約する。	B　調査の仕方を要約する。
○ダンゴムシは，石にぶつかると，右，左，右とこうごに曲がります。それを交替性転向反応といいます。なぜ，交替性転向反応をするのかというと大小のしょっかくで感じているからです。(85字) ○ダンゴムシは，交替性転向反応といって，右，左，右とこうごに曲がる。(33字)	○調査をする時には，実験をしたり，ずかんで調べたり，せんもん家に聞いたりして結論をだします。(50字) ○調査をする時には，何回も何回も実験をする。実験で分からないことは，ずかんで調べる。それでも分からないことがあるとせんもん家に聞く。そして，答えをだす。(75字)

ポイントシートの活用法

目的にしたがって文章の大事な言葉や文に印を付ける時に，戸惑ったら，言葉や文をカードに書き，「このカードは必要か」というように１枚１枚判断させるとよいでしょう。

目的にしたがって，文章の大事な言葉や文をとって要約しよう

ダンゴムシについて調べていたら，３冊のずかんを見つけました。それぞれ書いてあることがちがいます。そこで，ずかんごとに要約していちらん表にまとめることにしました。その中の１冊に書いてある例を要約したいのですが，どうすればいいのか分かりません。かいぞくに要約の仕方を教えてもらいましょう。

始め

ジグザグに歩くダンゴムシ

①夏になると庭の石にぶつかりながら右や左に動いているダンゴムシを見かけることがあります。ダンゴムシは石にぶつかるとその後どのように動くのでしょうか。それはなぜでしょうか。

中

②そのことを調べるためにダンゴムシの前に石を置いて実験することにしました。すると、あるダンゴムシは、石にぶつかると左に曲がりました。次の石にぶつかると右に曲がりました。ダンゴムシは、左、右、左、右と曲がったのです。あるダンゴムシで同じように実験をすると、今度は、右、左、右、左と曲がりました。どのダンゴムシも、こうごに曲がったのです。

③ふしぎに思って、ずかんで調べてみると、このことを交替性転向反応ということが分かりました。

④上り坂や下り坂でも交替性転向反応をするのか実験をしてみました。すると、上り坂より下り坂で交替性転向反応が多く見られました。なぜ、交替性転向反応ができるのか、せんもん家に聞いてみました。すると、大きなしょっかくと小さなしょっかくがあり、それで感じているということでした。

終わり

⑤ダンゴムシは交替性転向反応という動きをし、それは大小のしょっかくで感じるからだと分かりました。ダンゴムシについてこれからも研究を続けていきたいと思います。（五一九字）

どうやって要約するの。かいぞくに聞いてみよう。

1　目的や字数に合わせて要約が変わるぞ！
A　ダンゴムシの歩き方を要約する。（90字）　B　調査のしかたを要約する。（50字）

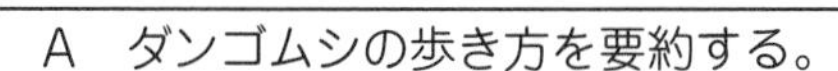

A　ダンゴムシの歩き方を要約する。

2　目的は「ダンゴムシの歩き方」なので，「始め」と「終わり」を中心に大事な言葉や文をとるぞ！

大事な言葉や文
- ○ダンゴムシは石にぶつかるとその後どのように動くのでしょうか。それはなぜでしょうか。
- ○右，左，右とこうごに曲がる。
- ○交替性転向反応
- ○大小のしょっかくで感じるから。

3　90字以内で要約文を書くぞ！

ダンゴムシは、石にぶつかると、右、左、右とこうごに曲がります。それを交替性転向反応といいます。なぜ、交替性転向反応をするのかというと大小のしょっかくで感じているからです。（八五字）

B　調査のしかたを要約する。

2　目的は「調査のしかた」なので，「中」を中心に大事な言葉や文をとるぞ！

大事な言葉や文
- ○実験（３回）
- ○ずかんで調べる。
- ○せんもん家に聞く。

3　50字以内で要約文を書くぞ！

できたぞ！

調査をする時には、実験をしたり、ずかんで調べたり、せんもん家に聞いたりして結論をだします。（四五字）

13. 引用の部分を見付けよう

ポイントシートのねらい

引用の部分を見付けるポイントをつかむものです。引用されているものには，①他者が書いたこと，②他者が話したこと，③データ，④絵や写真などがあります。筆者が引用したものをどのように使おうとしているか，筆者の考えと引用の内容を関連付けて読むことが大切です。

ポイントシートの解説

引用の表し方には，「　」を使って原文から必要な文や語句をそのまま書き抜く「直接引用」と，「　」を使わずに原文を要約して用いる「間接引用」があることを示しています。

引用する内容には，以下のようなものがあります。

引用の内容	他者が書いたこと	他者が話したこと	データ	絵や写真
	・他の著書　・言葉 ・名言　・文章	・インタビュー ・対談・新聞	・図　・表 ・グラフ	

これらの引用を見付けるポイントとして，

①「　」に注目すること，②「～によると」「～には」「～では」「（人名）は」など出典元や他者を表す言葉に注目すること，③「～と書かれています」「～と説明しています」「～と言っています」「～されています」などの文末に注目することを示しています。

文例は，ポイントごとに，「直接引用」「間接引用」それぞれに示しています。間接引用には，「　」を使わないため，ポイントシートの欄には，文例を示していません。

また，引用の目的は，以下のようなことがあります。筆者は，どのような目的で，何をどのように引用しているかも合わせて押さえましょう。

目的	【目的1】	【目的2】	【目的3】	【目的4】
	自分の考えを分かりやすく伝えるため	大体の内容を伝えるため	情報や知識を知らせるため	自分の考えに説得力をもたせるため

ポイントシートの活用法

書籍名や強調したい言葉にも，「　」を使う場合があります。引用以外で「　」の表記を使ったものが混在する文章を読んで，引用の部分を見付ける活動をすると効果的です。そうすると，「　」だけで簡単に判断せず，前後の文章との関わりの中で引用の部分を見付けることの大切さに気付かせることが出来ます。

引用の部分を見つけよう

筆者は，伝えたいことを詳しくする時や，自分の考えを強調する時に，「格言やことわざ」「書物の一節」など他の人の言葉を用いることがあります。このことを「引用」といいます。しかし，表し方によって，引用部分に気づきにくい時があります。引用の部分の見つけ方を知って，筆者の考えと根拠を正しく読みましょう。

引用を見つけるポイントはここ！

引用には大きく２つあるよ

	直せつ引用	間せつ引用
	☆原文のまま正確に用いる。 ☆「　」が使われる。	☆かんたんにまとめて用いる。 ☆「　」を使わない。
	○○博士が，△△の中で，「……」と言っているように…。	
引用の元になった本や資料名，他者を表す言葉に注目！	図かんによれば，**「はたらきありの胃は，みつの貯蔵タンク」**である。 ナイチンゲールは，**「天使とは，苦しむ人のために戦う者のことだ」**と言う。	総務省の「国税調査」によると，**2060年に人口は約9000万人に減少する**と推計されている。 父は，**人をゆるせる人は強い**と話す。
	動物図鑑によると，「イノシシはダニがだいきらい」と書かれています。	**日本の野山に住む動物は……**と説明されているように，…

☆ 下線は注目する部分，太字は引用部分

14. 内容と関係する他の本や文章などを読み，感想を書こう

ポイントシートのねらい

複数の本や文章を読んで感想を書く時に，どのような本や文章を選べばよいのかという視点を示したものです。選ぶ視点を大きく５つに分類し，そのうちの３つを取り上げ，それぞれモデル文と合わせて載せています。

ポイントシートの解説

資料を選ぶ視点には，以下の表のようなものがあります。ここでは，１～３までをポイントシートに入れています。ポイントシートにまとめているものは，**太字**で書いています。

	選ぶ視点	こんな時に使おう	資料
1	**同じテーマのもの**	筆者の考え方を捉えたい時	同じ筆者のもの
		もっと詳しく知りたい時 ブックトークなどで紹介する時	異なる筆者のもの
2	**書いた人が同じもの**	本の特徴を捉えたい時 筆者の考え方を捉えたい時	本，新聞，図鑑， リーフレットほか
3	**シリーズもの**	共通点や相違点を見付けたい時 見比べたい時，比較したい時 本の特徴を捉えたい時	本
4	出版年が異なるもの	現在と変わったところを見付けたい時 これからの変化を予測したい時	本
5	ジャンルが異なるもの	最近のことや地元のことを知りたい時	新聞
		写真で見て確認したい時	図鑑
		疑問をすぐに解決したい時	インターネット
		報告文などでまとめる時	本

ポイントシートの活用法

感想文は，１冊の本を読んで書くものだと思い込んでいる児童が多いと思います。ですが，１冊の本や文章だけでは，考えが偏ってしまったり，深まらなかったりするものです。そういう児童には，問いかけをしながら，児童の目的に合った資料を紹介してください。図書館を活用したり，司書教諭と連携したりすると児童の読むことへの意欲付けとなります。

（参考文献：井上一郎著『読む力の基礎・基本―17の視点による授業づくり―』）

ないようとかんけいするほかの本や文章などを読み，感想を書こう

本や説明文を読んだ後，ぎ問に思ったことやもっとくわしく知りたいと思ったことはありませんか。そんなときは，ほかの本や文章をさがして読んでみるといいですよ。では，どんな本や文章をさがせばよいか，海の生きものたちに，あんないしてもらいましょう！

山田じろうさんが書いた『海のかんきょう』という図かんを見たよ。

1 同じテーマの本や文章を読んでみると…

『海のかんきょう』には，野生イルカの赤ちゃんがプラスチックごみをのみこんでしまったようすがのっていました。

→ 海には生きものがまちがえて食べてしまうほど，たくさんのごみがあるのだなと思いました。

→ **海にはたくさんのエサがあるのに，なぜごみをのんだのか，ふしぎに思い，「海のかんきょう」について書かれた新聞きじを見つけ読んでみました。すると，世界中で海のごみがふえつづけていることが分かりました。ごみを少しでもへらして海の生きものをまもりたいと思いました。**

2 同じ筆者の本や文章を読んでみると…

『海のかんきょう』には，人間の生活のために，よごれてしまった海のしゃしんがたくさんのっていました。

→ できるだけ海をよごさないように，大切にしていきたいなと思いました。

→ **山田さんの『海の生きもの』の本には，人間の生活のために，たくさんの海の生きものたちがくるしんでいることが書かれていました。山田さんは，べんりさばかり大切にするのではなく，海をまもるために自分たちにできることをやっていこうと伝えたいのだと思います。**

3 シリーズものを読んでみると…

『海のかんきょう』には，海にたくさんのごみがすてられているしゃしんがのっていました。

→ これ以上海をよごさないようにしないといけないなと思いました。

→ **同じシリーズの『山のかんきょう』にも，山にたくさんのごみがすてられているしゃしんがのっていました。海も山も，どちらのしぜんもしっかりとまもっていけるように，ごみは決められた場所にすてないといけないと思いました。**

15. 報告の文章をリーフレットにまとめよう

ポイントシートのねらい

調査報告文をリーフレットにまとめる方法を示したものです。調査報告文の構成がはっきりしていることを生かしてレイアウトを工夫したリーフレットにまとめます。

ポイントシートの解説

はじめに，調査報告文の基本的な文章構成を示しています。この文章構成を理解した上で，リーフレットにするという方法と手順を提示します。

●リーフレットにするためのその１

リーフレットの３つのパターンについて例示しています。それぞれのパターンは裏面も使用すると，表裏２ページ，４ページ，６ページ分になります。三面型では，折り方も蛇腹型や観音開き型があり，折り方によってページの順番が変わってきます。

●リーフレットにするためのその２

「その１」で考えたリーフレットのレイアウトやデザインに合うように情報を取り出します。必要な情報を「きっかけ・目的」「結果」「方法」…と項目を立て，要約します。また，使いたい絵や図，写真の準備をします。

●リーフレットにするためのその３

取り出した情報をリーフレット用に書きかえます。伝えたい内容に応じて要約することや，見出しを問いの形にしたり，筆者の思いを吹き出しに表現したりすることなどが考えられます。

レイアウトは，記事の順番をもとの文章の構成と変えたり，自分の感想を吹き出しで入れたりして，リーフレットの読み手が，基になっている調査報告文の内容についての興味関心を高めるように工夫します。また，見出しやリード，キャプションの書き方だけでなく，文字の大きさや太さ，書体，色を工夫することも必要です。

ポイントシートの活用法

「きっかけは何か」「何を調べようとしているのか」「どんな調査をしたのか。観察か。実験か」など，示している文章構成と照らし合わせながら読ませるために，始めに，メモ用紙に「調査のきっかけ」や「調査の方法」「調査結果」など，項目名を書かせておくと効果的です。

二面型や三面型のリーフレットは，用紙を折って実際を確認させましょう。

（参考文献：井上一郎編著『記述力がメキメキ伸びる！小学生の作文技術』『小学校国語　「汎用的能力」を高める！アクティブ・ラーニングサポートワーク』）

報告の文章をリーフレットにまとめよう

文章をもとにリーフレット（1枚の紙にまとめたもの）をつくるとき，目的もなく文章の順序どおりに記事を書いていませんか？　調査報告文は構成がはっきりしています。それぞれの項目のまとまりをどうレイアウトすると効果的か考えてリーフレットをつくってみましょう。

調査報告文の構成はこうなっているから，分かりやすい。しかし，このままでは読む気がしないのである。

リーフレットにするためのその1

リーフレットの形を決めよう。ページの量もじゅん番もかわってくるぞ。どんなリーフレットにしたいのだ？　絵や写真はどのくらい入れるのか？

へぇ，そんなことがきっかけだったんだ。くわしくしらべてみよう。【調査のきっかけ・目的】
実験の結果がこうなるなんて，自分も意外だったな。予想外だ。ほかの人もきっと知らないだろう。【調査の結果】
小型カメラを取り付けるのにも苦労があるんだな。【調査の方法】

リーフレットにするためのその2

構成に沿って読みながら，つくろうとしているリーフレットに合う内容を報告文から取り出そう。メモをするときには，引用や要約をするのだぞ。ふせんも活用しよう。

なるほど。分かりやすい見出しになっておる。心に残った内容を選び出したのだな。

ほう，調査のきっかけを，観察とセットにしたか。筆者の気持ちが伝わるな。

リーフレットにするためのその3

取り出した内容をリーフレットにのせていこう。じゅんじょは報告文のとおりでなくてもよいのである。もちろん，タイトルや文章は，自分でリーフレット用に書きかえるのだぞ。

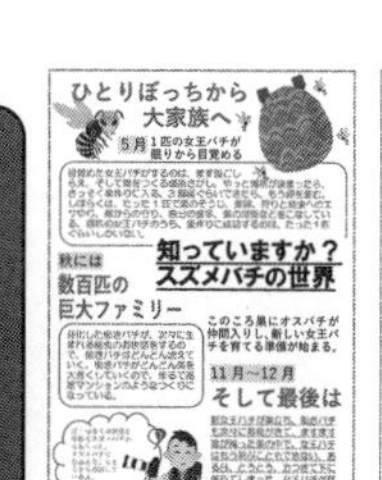

16. 文章の構成を考えながら，要旨を捉えよう

ポイントシートのねらい

問題提起の出し方や展開部の説明の進め方に気を付けて説明文を読み，要旨を捉える方法をまとめたものです。要旨を捉える時は，文章全体から特に大事な点を見付けて読みます。

ポイントシートの解説

❶〜❺で示しているプロセスで文章を読み，要旨を捉えていくようにポイントシートを構成しています。1から順番に活動を進めていきます。活動に沿って，ポイントと具体例を応援している児童が話している内容として挙げています。実際に要旨を捉える時に参考にしてください。

1　構成を捉える	「始め・中・終わり」に分けていくことは，下学年でも行っています。それぞれの役割を確認してから進めていきましょう。
2　問題提起を見付ける	問題提起を見付け，その問題提起が文章のどの部分まで関係しているか3例挙げています。問題提起は，はっきり書いていないこともあります。
3　説明の進め方を捉え，筆者が冒頭部から一貫して述べていることを読み取る	○の部分には，筆者が読者を説得するために，どのような事実や具体例を取り上げ，どのように論を展開しているかの例を3つ挙げています。→の部分には，説明の進め方から，筆者が一番言いたいことがどういうところに表れているかが分かることの例を挙げています。
4　筆者が書いた結論部分から大切なところを読み取る	結論部分では，筆者が今まで述べてきたことを整理したり要約したりしています。問題提起や説明の進め方を基に，重要なところを抜き出していきます。
5　文章構成を生かしながら文量に合わせて要旨をまとめる	文章構成を生かしつつ，目的に合わせた要旨の長さに合わせて，まとめるところを決定します。「始め」から問題提起，「中」から問題提起に対する答え，「終わり」から結論をそれぞれまとめていきます。ここでは，1つ目の問題提起が途中で終わり，もう一度新しい問題提起が出てくる構成の文章で例を挙げています。

ポイントシートの活用法

文章全体を読んで，「始め・中・終わり」に分けるのが難しい場合は，最初から順に読んでいき，問題提起を見付けた上で，「始め（冒頭部）」を捉える読み方もあります。

（参考文献：井上一郎編著『アクティブ・ラーニングをサポートする！小学校教室掲示ポスター＆言語能力アップシート事典』）

第３ステージ

文章の構成を考えながら，要旨をとらえよう

要旨は，筆者が伝えたいことを考えながら，文章全体から読まないといけません。説明文にもいろいろありますが，ここでは本の一部分や教科書のような短い文章で要旨をとらえていきます。

　地球の環境が悪くなっているという話題をよく耳にします。環境問題の一つである地球温暖化は、野生の動物たちにもえいきょうをあたえています。例えば、…です。そのため、…そうです。
　このように…地球温暖化は、なぜ起きるのでしょうか。
　その原因の一つに、温室効果ガスの増加が挙げられます。太陽からの…ます。しかし、温室効果ガスは、…をします。そのため、…、地球温暖化の原因となるのです。
　それでは、温室効果ガスを増やさないためには、どうしたらよいのでしょうか。…を調べてみると、…ことがわかります。…とから、…することが有効な手立ての一つであるといえます。
　二酸化炭素は、…います。二酸化炭素の排出をおさえるためには、いくつかの方法があります。一つは、…ことです。…見てみると、…と、一番多くなっています。…も増えています。電気の使い方を考えることで、…減らせるはずです。
　また、…したり、…たりして、ごみを少なくすることも方法の一つです。…されるからです。
　地球温暖化は、…ですが、このように考えると、私たちのふだんの生活を少し見直していくだけで変わっていくのではないでしょうか。私たちが…です。ふだんの生活の中から、環境を守るために自分たちのできることをさがして、積極的に取り組んでいきたいものです。

スタート

❶ 文章を読んで，「はじめ・中・終わり」に分けてみよう

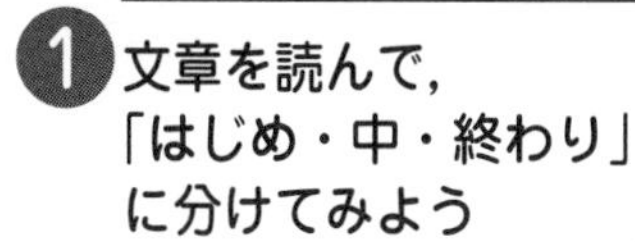

❷ 問題提起を見つけ，どこまで続いているか考えよう

問題提起はどこまで続いているか，全体をくわしく見ていこう。

①「はじめ」の問題提起が最後まで続いている場合
②１つ目の問題提起を深めるための問題提起が途中で出てくる場合
③１つ目の問題提起は途中までで終わって，もう一度新しい問題提起が出てくる場合

この文章だと，③の場合のようだね。「地球温暖化」について，問題提起をしているね。

❸ 考えを伝えるために，どのように説明を進めているか「中」をくわしく読み，筆者が一番言いたいことが表れているところを見つけよう

筆者の言いたいことがどこに大きく表れているかを読み取ろう。

○例を出して事実から考えを導き出している
　→事実から導き出した考えが一番言いたかったことだよね。
○いくつかのものを比べながら説明している
　→比べることで説明したよさや違いが大切なことになってくるね。
○様々な面から観たり，反論を入れたり議論しながら進めている
　→言いたいことについての反論になっているはずだよ。その中にキーワードが出てきているかも。

この文章だと，地球温暖化の理由になっている温室効果ガスを減らすのは，家庭でも出来るということを言うために，このような構成にしているんだね。それが「終わり」で言っていることにつながっているよ。

❹ 問題提起や説明の進め方をもとに，結論から大切なところを見つけよう

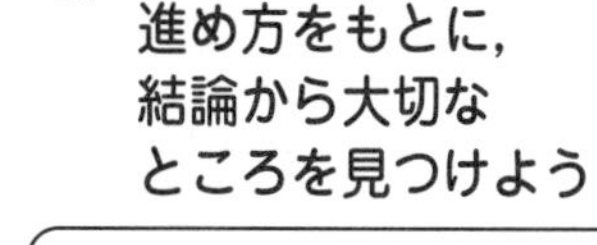

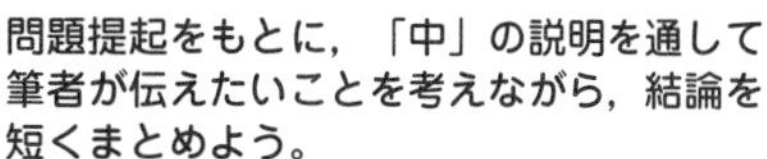

問題提起をもとに，「中」の説明を通して筆者が伝えたいことを考えながら，結論を短くまとめよう。

「中」で筆者が言いたいことから考えると，結論部で大切なのは「地球温暖化を防ぐために，私たちのふだんの生活を見直して，できることから取り組んでいこう」ということになるよね。

❺ 文章構成を生かして要旨をまとめよう

筆者が特に言いたかったことを中心に要旨をまとめていこう。結論を中心にすると，書きやすいよ。

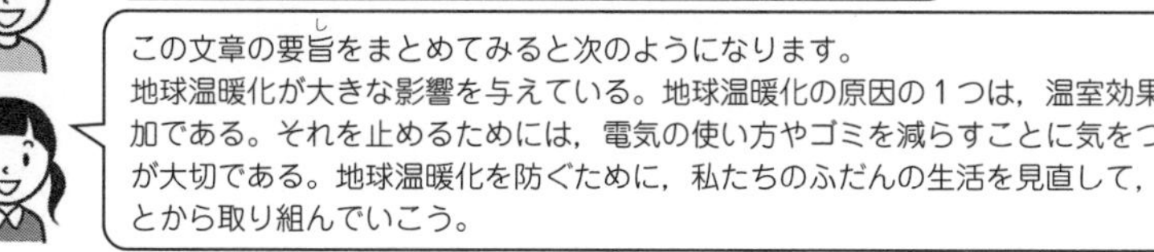

この文章の要旨をまとめてみると次のようになります。
地球温暖化が大きな影響を与えている。地球温暖化の原因の１つは，温室効果ガスの増加である。それを止めるためには，電気の使い方やゴミを減らすことに気をつけることが大切である。地球温暖化を防ぐために，私たちのふだんの生活を見直して，できることから取り組んでいこう。

17. いろいろなことを予想して，考えながら黙読しよう

ポイントシートのねらい

黙読をする時に，どのようなことに気を付けて読むとよいかを例示したものです。筆者の立場や構成を予想したり，内容や展開などを予想したりして考えながら黙読すると，文章に興味をもったり，内容を速く的確に読み取ったりすることが出来ます。

ポイントシートの解説

声を出さずに読む黙読は，音読に比べて無意識に読む傾向があるので，読み手がこのポイントシートを見て，読み方を意識して黙読出来るように作成しました。文章の読み方（リーディングストラテジー）は，目的に応じて変わりますが，下の表に示した「文章の書かれ方について自分の考えをもつため」に読むことを中心に，予想して読むポイントを例示しました。

読者の目的	読み方＊効果（リーディングストラテジー）	具体例と例文による解説
文章の書かれ方について自分の考えをもつため	・題名から内容を予想する。 ＊疑問をもつ ＊興味をもつ	・題名から内容を予想する→題名から「地球は本当は丸くないのか」と疑問を抱いたり，反論したりして興味をもつことを例示しています。
	・筆者の立場を予想する。 ＊興味をもつ	・筆者の職業や専門性から書かれている内容についての筆者の立場が予想出来ます。ここでは筆者の立場を予想し，自分の立場を考えることを例示しています。
	・内容を予告する言葉から予想する。 ・つなぐ言葉から予想する。 ・まとめの言葉から予想する。	・「例えば」の後には具体例が示されることや，「第一に」の後に「第二」「第三」が続くことが予想出来ます。予想して読むと，速く確実に読むことが出来ます。 ・「しかし」の後には筆者の考えのように大切な内容が書かれます。予想して読むと，速く確実に読み取ることが出来ます。 ・「このように」の後には，それまで書かれたことのまとめが書かれます。予想して読むと要旨や要点が捉えやすくなります。
	・結論を予想する。 ＊興味をもつ ＊考えをもつ	・結論を予想して読むと，本当にそうなのか知りたくて文章を読みたくなります。また，予想と同じか違うかで筆者の意図が想像出来ます。

ポイントシートの活用法

「考えながら読みましょう」と指示し，このポイントシートを活用して黙読のポイントを考えさせます。具体例によってイメージをもたせ，児童はいろいろなことを予想して，考えながら読む習慣を身に付けていきます。

（参考文献：井上一郎編著『読解力を育てる！小学校国語　定番教材の発問モデル　説明文編』）

いろいろなことを予想して，考えながら黙読しよう

音読するときは，声の大きさ，速さ，間の取り方などに気を付けます。でも，黙読するときは，どんなことに気を付けたらよいか分かりにくいですよね。黙読するときは，いろいろなことを予想して，考えながら黙読しましょう！

例文

「地球は本当に丸いのか」

　私たちは、地球が丸いと知っています。それは、宇宙から撮影した地球の写真を見たり、たくさんの人や書物がそう言っていたりするからそうだと信じているると言えます。では、地球の写真を見ることができなかった時代の人々は、どうやって地球が丸いと知ったのでしょうか。

（中略）

例えば、次の図を見てください。これは、大航海時代に、〜という人が描いた図だと言われています。これを見ると〜

第一に、人々が地球を〜と考えていることが分かります。〜

第二に〜（中略）

第三に〜（中略）

　このように、人々は、次第に地球は丸いと考えるようになったと推測されます。〜科学的な発見のためには「物をよく見る」ということが大切なのです。

題名から内容を予想しよう

考え　「地球は本当は丸くないのかな。」「そんなはずないよ。地球は丸いはずだ。」「筆者はなぜこの題名にしたのかな。」

題名を読んで内容を予想すると，文章に興味がわいて文章が読みたくなります。

いいね

筆者の立場を予想しよう

考え　地球は丸いとされている現代に，「本当に丸いのか」という題名をつけているから，当たり前だと信じていることを本当にそうかと考えることが大切だと伝えたいのかな。ぼくも同感だ。

筆者の職業や専門性から，書かれている内容についての筆者の立場が予想でき，読み手も自分の立場はどうだろうかと考えることができます。

いいね

内容を予告する言葉から予想しよう

考え　「例えば」とあるから具体例が書かれるな。「第一に」と書いてあるから，「第二」「第三」の具体的な内容が続くだろうな。

何が書かれるかが予想できる言葉に気を付けて読むと，速く確実に読めます。

いいね

つなぐ言葉から予想しよう

考え　「しかし」と書いているから，この後に，筆者の考えのように大切な内容が書かれているだろうな。

筆者の考えのように大切な内容が，どこに書かれているのかが予想でき，読み取りが速く確実にできます。

いいね

まとめの言葉から予想しよう

考え　「このように」と書いてあるから，これまでのまとめが書かれているのだな。

結論のような文章のまとめが書かれることが予想できると，要旨や要点をとらえやすくなります。

いいね

結論を予想しよう

考え　今は地球が丸いとされているのになぜかな。どうやって分かったのか科学の歴史をたどって，読み手に納得させるような結論になるのかな。

結論を予想しながら読むと，文章が読みたくなります。また，予想と同じか違うかで筆者の意図が想像できます。

いいね

18. いくつかの本を比べてみよう！どんな特徴が見付かるかな？

ポイントシートのねらい

比べて読む時に，どのような観点で比べるとよいかを示したものです。複数の本を比べて読むことで，説明している内容が分かりやすくなったり，本の特徴が捉えやすくなったりします。ここでは，本の選び方や比べる観点の例を挙げています。

ポイントシートの解説

●ポイントシートの一番下に，どのようなテキストを読み比べればよいのかを選ぶための例を挙げています。比べるテキストには，複数の本，本と説明文，複数の説明文，同じ題材を取り上げた新聞記事，説明文とインターネットの記事など，様々な種類のものが考えられます。

目的と選書の例

・調べたいことをもっと詳しく調べたい➡**同じテーマについて書いた本**

・本の特徴について知りたい➡**同じ筆者の本または同じテーマについて書いてある違う筆者の本**

・感想文を書くため感想文の構造等を把握する➡科学読み物を読んで書いた感想文

●選書が出来たら，矢印の方向にポイントシートを見ていきます。比べる観点を列挙していますので，この中から選ぶようにします。比べる観点は複数ありますが，ここでは太字にしている４つに絞っています。比べる観点によっては本全体を比べる場合もありますし，同じ内容について書いてあるページだけ，使っている資料だけを比べる場合もあります。

比べる観点の例

・内容やテーマ　**・使っている例**　・例の出し方

・使っている資料や資料の使い方　**・説明の形式**

・文章の様式　・筆者のものの見方や考え方　**・表現の工夫**

・全体の構成，冒頭部の構造，展開部の構造　・言葉の使い方

・相手意識　・誰を対象にしているか

ポイントシートの活用法

選書をする時，どの観点で比べるかを選ぶ時に困ることがあるかもしれません。その時は，目的を再確認するようにするとよいでしょう。目的によって，どのような本を比べるか，何を比べるかが変わってきます。

（参考文献：井上一郎著『誰もがつけたい説明力』『読む力の基礎・基本─17の視点による授業づくり』）

いくつかの本を比べてみよう！どんな特ちょうが見つかるかな？

感想や紹介(しょうかい)文を書くとき，調べたことをまとめるときなど，本の特ちょうを見つけたいときは，１冊だけではなく，いくつかの本を比べて読んでみましょう。内容がよく分かるだけではなく，他の本とちがうところや，その本のよさなどがはっきりするため，特ちょうを見つけやすくなります。

同じことについて書いた本を読み比べてみよう。調べたいことがもっとくわしく分かるし，使っている資料などもちがうはずだよ。

同じ筆者の本を読んでみるのはどうかな。題名はちがっても，筆者が考えていることは共通することがあると思うよ。

19. パラフレイズをして，深く読もう

ポイントシートのねらい

読み手は，原文を書き換えるパラフレイズを行うことによって，内容をよく理解したり，筆者の表現の工夫に気付いたりするなど，自分の考えを深めることが出来ます。

ポイントシートの解説

ポイントシートでは，「カエルはどうして鳴くのか」という文章を例にして，パラフレイズをするとどんなことが分かるのかを具体的に説明しています。

<table>
<tr><td colspan="2">【パラフレイズ】
［定義］「原文の構造，機能，法則性，などを発見するために新しい内容を付加せずに書き換えること」</td><td>［効果］・文や単語が文章の中でどのような役割をもっているかが分かる。
・筆者が他の語彙ではなく，なぜその言葉を用いたのかが分かる。
・構成や表現の工夫が分かる。など</td></tr>
<tr><td rowspan="4">［具体例］</td><td>問題提起文のない文章やはっきり書かれていない文章の問題提起文を書く</td><td>一見，問題提起（文）がないように見える文章にも，説明的文章なら問題提起はあります。問題提起文を書くことで，文章の理解が確かになったり，深まったりします。ここでは，実験の内容から，何を明らかにするのか考えて問題提起文を書く例を示しています。</td></tr>
<tr><td>長い１文（情報の多い１文）を２文に書き換える</td><td>文の内容がよく分かったり，文の構成が分かったりします。ここでは，１文を２文に書き換える言語操作の仕方（主語・述語の関係を見付ける）を示して，書き換える時の手がかりとするようにしています。</td></tr>
<tr><td>難しい言葉を分かりやすい言葉に書き換える</td><td>分かりやすく書き換えることで，文章の理解が深まります。また，筆者が，なぜ，その言葉を使ったのかについても考えることが出来ます。</td></tr>
<tr><td colspan="2">《ポイントシートに書いていないパラフレイズの例》
・省略されている言葉を書く　・敬体を常体に（常体を敬体に）書き換える　・語順を入れ替える　・和語を漢語に（漢語を和語に）書き換える　・構成を同じにして書き換えて比較するなど</td></tr>
<tr><td colspan="2">【リライト】
［定義］「原文の読書行為をふまえて，ある執筆目的のために，創造的に原文を書き換えること」</td><td>［効果］・元の文章の様式や組み立ての工夫が分かる。
・筆者の述べていることが，他の状況でも成立するのかを検証することで，論理の確かさを考えることが出来る。</td></tr>
</table>

ポイントシートの活用法

筆者の表現の工夫に気付きにくい文章を読む時に，このポイントシートに注目させて「どのようなことをすれば文章を詳しく読むことが出来ますか」と投げかければ，児童に学習の見通しをもたせることが出来ます。また，１文を２文にするといった児童が苦手とするパラフレイズに取り組ませる時に，このポイントシートが役立ちます。

（井上一郎著『「読解力」を伸ばす読書活動―カリキュラム作りと授業作り』）

パラフレイズをして，深く読もう

文章をそのまま読んでいるだけでは書き手の工夫や構造などに気付けないものです。そこでおすすめなのがパラフレイズ。パラフレイズとは内容を変えずに文章を書きかえて考えてみようとすることです。書きかえることで文章を書いている人がどのような考えをもっていたかが分かります。

「カエルの鳴き声のひみつ」

田植えのころになると、カエルの鳴き声が聞こえ始めます。これは、カエルが水を張った田んぼに卵を産むために集まってくるからです。多くのカエルが集まって、まるで競うように鳴いているのです。

※

オスが鳴く目的は二つあります。一つは、同じ種類のカエルであることを示すためです。〜

大きな箱に数種類のカエルを入れて、違う方向から何種類かのカエルの鳴き声を流してみました。すると、それぞれ同じ種類のカエルが同じ種類のカエルの鳴き声のする方に集まっていきました。このことから、カエルが同じ種類のカエルの鳴き声を聞き分けていることが分かりました。

もう一つは、数少ないメスに、自分を選んでもらうためです。自分を選んでもらうために必死で鳴くのです。カエルはオスが鳴いてメスが選ぶという繁殖スタイルで子孫を増やします。

問題提起文が書かれていない文章やはっきりと書かれていない文章の問題提起文を書く。 →

カエルが競うように鳴いている事実をもとにすると、「※」のところに問題提起文が入ることが分かります。 →

ところで、カエルはどうして鳴くのでしょうか。 →

問題提起文を付け加えてパラフレイズすると，書き方がよく分かるね。

長い文を短くするために，１文を２文に分けて書きかえる。 →

・主語・述語のまとまりを見つけて，分ける。
・必要なら２文をつなぐ言葉も書く。

大きな箱に数種類のカエルを入れて、違う方向から何種類かのカエルの鳴き声を流して**みました**。 →

大きな箱に〜**入れました**。**次に**、違う方向から何種類かのカエルの鳴き声を流して**みました**。 →

２つの文に分けたので，実験の手順が分かりやすくなったね。長い文は主語・述語のまとまりに気をつけて分けると分かりやすいね。

１文目と２文目は実験の手順なので「次に」という言葉でつなぎました。

辞書で言葉の意味を調べるといいね。

難しい言葉をやさしい言葉に書きかえる。 →

カエルはオスが鳴いてメスが選ぶという繁殖スタイルで子孫を増やします。 →

カエルはオスが鳴いてメスが選ぶというカップル作りをして子どもを増やします。 →

「子孫」や「繁殖」は難しい漢字を使った熟語だね。意味がよく分からないときには，辞書で言葉の意味を調べてパラフレイズすると理解が深まるね。

20. 科学読み物を読み，感想や評価の言葉を上手に使って感想文を書こう

ポイントシートのねらい

児童が科学読み物を読んだ後の感想にありがちな言葉３つとその他に分類し，豊富な語彙に言い換えた感想や評価の言葉の例を示したものです。児童がよく使う「すごい」「おもしろい」等の言葉では感想が効果的に伝わらないので，もっとよい書きぶりになるための例を提示しています。

ポイントシートの解説

本を読み返しながら自分が「初めて知ったところ」「疑問に思ったところ」「感動したところ」等，感想をもったところに感想をメモした時，このポイントシートでは児童がよく使う感想言葉を分類し示していますが，それ以外にも「もっとアイデアが浮かんできそうなこと」「教えたいこと」「やってみたいこと」なども挙げられます。ありがちな感想言葉に陥った時に，他にもたくさんの語彙があることを提示出来るようにします。

	①　感想をもつ	②　ありがちな感想言葉	③　思いにぴったりあった言葉
本を読んだ感想を表現する手順	初めて知ったところ	△知らなかった △びっくりした	想像もつかない。衝撃を受けた。
	疑問に思ったところ	△なぜ？　△ふしぎだ！ △もっと調べてみたい！	疑問がうかぶ。秘密を探りたい。
	感動したところ	△すごい　△きれいだ △おもしろい	奇跡的だ。心が震えた。
	もっとアイデアが浮かんできそうなこと	△他にも考えてみた	アイデアの宝箱を開けた。 ヒントをもらった。
	友達に教えたいこと	△友達に教えたい	読んだことを教えたくて，いてもたってもいられない。
	自分もやってみたいこと	△わたしもやってみたい	挑戦したい・試みたい

ポイントシートの活用法

本などを読んで読書感想文を書くことはもちろん，友達の発表や授業の振り返りをする際にも，主体的に感想やコメントをもつ力が求められています。児童自身が感想や評価を相手に分かりやすく表現するための言葉や言い回しを選ぶために，豊富な語彙を提示しておきます。様々な場面にあった準備をしておくと，効果的な学びの手助けとなります。

（参考文献：井上一郎著『「読解力」を伸ばす読書活動−カリキュラム作りと授業作り』）

科学読み物を読み，感想や評価の言葉を上手に使って感想文を書こう

読み物を読んで，感想文を書く時，「すごい！」「おどろいた！」「なぜ？」という言葉で終わってしまうことがあります。でも，もっと自分の思いにぴったり合った表現の言葉はないでしょうか？　感想や評価の言葉をもっと上手に使って書いてみましょう。

さあ，この感想言葉のきびだんごを食べよ。もっと上手な感想文を書いて，鬼を感動させよう！

「干したから…」を読んで

①私は甘い干し柿が大好きです。「実はしぶがきだ」と祖母から聞いて初めて知りました。
②この本によると、これまで色々な食べ物が干されてきたことが書いてあり、びっくりしました。
③私は、他にも干してあるものについてもっと知りたいと思いました。
④この本を読んで自然のすばらしさと昔の人たちってすごいと思いました。

平凡じゃ！

◎初めて知った時の感想・評価の言葉

△知らなかった
△びっくりした

気の遠くなる話だ。想像もつかない。しょうげきを受ける。

はっとした。考えもおよばなかった。思いもよらない。

◎なぜだろう・もっと知りたい時の感想・評価の言葉

△なぜ？
△ふしぎだ！
△もっと調べてみたい！

疑問がうかぶ。ひきつけられる。秘密をさぐりたい。

おどろくべき秘密だ。たまらなく知りたい。

「干したから…」を読んで

①私は甘い干し柿が大好きです。祖母から聞いたのですが、まさか「実はしぶがきだ」とは、思いもよりませんでした。
②この本には、いろいろな食べ物が干されていることが書いてありおどろくべき秘密があると知りました。
③私は、他にも干してあるものについてたまらなく知りたいと思いました。
④この本を読んで自然のすばらしさと奇跡(きせき)のような発見をした昔の人たちに感謝したいと思いました。

参考文献『干したから…』（写真・文　森枝卓士　フレーベル館）

まいった！　感想や評価の言葉を上手に使っておるぞ。

◎感動した時の感想・評価の言葉

△すごい
△きれいだ
△おもしろい
△うれしい

おどろくべき。興奮した。迫力がある。心が震えた。

奇跡(きせき)的だ。世界が変わった。時が経つのも忘れて読んだ。

◎その他の感想・評価の言葉

△考えが変わった
△発見した
△変わっている

稲妻(いなずま)が走ったように。印象的である。風変わりな。

とんでもない○○だ。ひらめいた。心にとどめた。

21．伝記を読み，自分の生き方を考えよう

ポイントシートのねらい

人物の成長過程に即して，業績へと結び付く出来事や人生の転機を見付けながら伝記を読み，どのような観点で伝記の人物と自分を比べるとよいかを示したものです。

伝記を読む際には，書き手が異なるなど，様々なものがあることにも着目します。複数の伝記を比べて読むことで人物の「生き方」をより深く知ることが出来ることを実感するように指導します。

ポイントシートの解説

●伝記は，人物が生まれてから死ぬまで（現在）を，人物の生き方・考え方に基づいて，出来事を取り上げながら書かれています。どのような時代区分で描かれているかを示しています。

生まれたころ➡幼少期➡小学校➡中学校➡高校➡専門学校・大学➡大人（社会人）➡死➡死後

●人物の業績へと結び付く出来事や人生の転機など，伝記がどのような要素で構成され，人物について書き表しているのかを示しています。

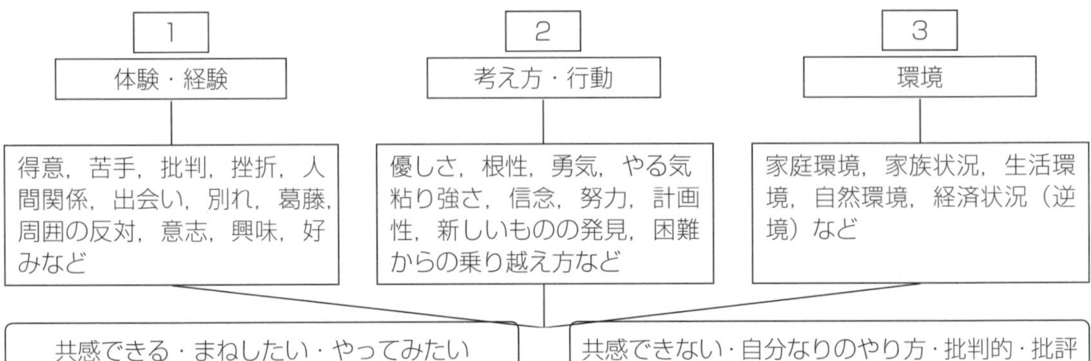

●伝記の人物と自分を比べるために，質問に答えながら読み進められるようにしています。

ポイントシートの活用法

伝記に描かれた人物の生き方や考え方，行動や業績があまりにも優れていて，「自分には絶対無理だ」と自分と切り離して考えてしまいがちです。そんな時に，このポイントシートの観点を見ながら，比べられそうな観点を見付けて番号を付けたり，マーキングしたりして自分と偉人を結び付けていくとよいでしょう。自分の日常生活の中の小さな出来事と結び付けて考えます。伝記の人物を通して自分を振り返り，また伝記の人物の考え方・行動にヒントをもらうなど，行き来しながら読み進めると効果的です。

伝記を読み，自分の生き方を考えよう

伝記に取り上げられる人物は，立派なことを成しとげていて感心することばかり。でも，感心するだけでは自分の生き方とは結び付けられませんね。ここでは，成長過程に即して人物のどのようなことが業績に結び付いているのかを一緒に読み進めながら，自分を振(ふ)り返ったり，未来を想像したりしてみましょう。

自伝　書き手は，伝記の人物（本人）です。事実や思いが多く書かれています。

評伝　書き手は，伝記の人物以外の人です。業績を中心に書かれています。

どちらを選んで読み進めますか

成長過程		ヘレン・ケラー	
その後	周囲へ与えた影響	自分の一生を体の不自由な人のためにささげようと決心し，本を書いたり，講演，映画に出演したり，幸せな社会を作ることを訴え続けた。	今，自分にできることは，どんなことがあるだろう。 目の前の困難な課題から逃げずに向き合って…
大人	業績		
大学生	粘(ねば)り強さ	大学へ入学したいという目標をもち，体調をくずしながらも，サリバン先生と共に，すいみん時間をけずり，ひたすら机に向かって勉強し続けた。	目標や夢，そのために努力していることはあるかな。 アナウンサーになりたいと思い，放送部に入って…
	意志 努力		
高校生	夢 目標		
中学生	出会い 別れ	サリバン先生と出会い，生活習慣や勉強をいっしょうけんめい教えてもらった。身近な事がらを意欲的に学ぶようになった。	あなたの性格や人と関わりを見つめ直してみよう。 人前で話すことが得意ではなかったが，劇の発表会で…
小学生	人とのつながり		
子どものころ	人柄(がら) 性格	とても裕福な家に生まれたが，２歳になる前に高熱のため，目と耳が不自由になってしまった。周囲とはコミュニケーションがうまく取れなかった。	あなたの家庭環境や生活環境はどうですか。 私は３人兄弟の末っ子で，何をしても２人の兄には勝てず，くやしくて…
	逆境		
生まれたころ	家庭環境		

砂田弘『ヘレン・ケラー』（ポプラ社）1998年より改編

22. 目的に応じて速読し，知りたいことをつかもう

ポイントシートのねらい

文章や本を速読する方法を示したものです。速読をすると，必要な情報を早く手に入れたり，多くの本を読み比べてより確かな情報をつかんだりすることが出来ます。

ポイントシートの解説

何かを知りたい時に読むものには，科学読み物，報告書，百科事典や図鑑，エッセイ集，雑誌，新聞のようなものまで様々です。ここでは，科学読み物など，本の中の一節の文章を対象にした速読を取り上げています。また，本を速読する場合に有効なポイントを説明しています。速読に重要なことは，読むスピードを上げること，文章構成を把握していること，読むスピードに変化を付けることの３点です。

●読むスピードを上げる

行頭から単語ごとに見ていくのではなく，行の中央に視線を止めるようにした上で前後に目配りして１行の内容を把握します。行の中央３分の１ぐらいで視線を動かしながら次の行へ，次の行へと読んでいくと速くなります。

●文章構成を把握しておく，スピードに変化を付ける

筆者の説明したいことが端的に表れているのが問題提起とまとめです。そこでまず冒頭部を読んで問題提起をつかんだら，展開部はさっさと読みます。しかし，キーセンテンスは確実に捉える必要があるので，接続語を手がかりにその文や段落の内容を判断し，読むスピードを変えます。

●あらましをつかんでおく

あらましをつかむことで速く読むことが出来ます。本の表紙・背表紙にある書名や，絵，写真は筆者の意図を表しています。目次も予想に役立ちます。

ポイントシートの活用法

ポイントシートは，順序を表しているのではなく，必要な知識を配列しているので，目的に応じて事項を選びます。

（参考文献：井上一郎著『誰もがつけたい説明力』／井上一郎編著『記述力がメキメキ伸びる！小学生の作文技術』『小学校国語 「汎用的能力」を高める！アクティブ・ラーニングサポートワーク』）

目的に応じて速読し，知りたいことをつかもう

数多くの資料や本から必要な情報を手に入れたいとき，文章を最初からていねいに読んでいくのでは時間がかかるばかりです。そんなときは速く読むこと「速読」が必要です。文章を速読する技術を身に付けましょう。本の速読には，本ならではのポイントがあります。

読むスピードを上げよう

いつもの読み方と目の動かし方を変えるよ（横書き）

1 視線を行の真ん中の文字に固定する
2 視線を固定したまま，左半分を読む。
3 視線を固定したまま，右半分を読む。
⇒　次の行に進み，くり返す。

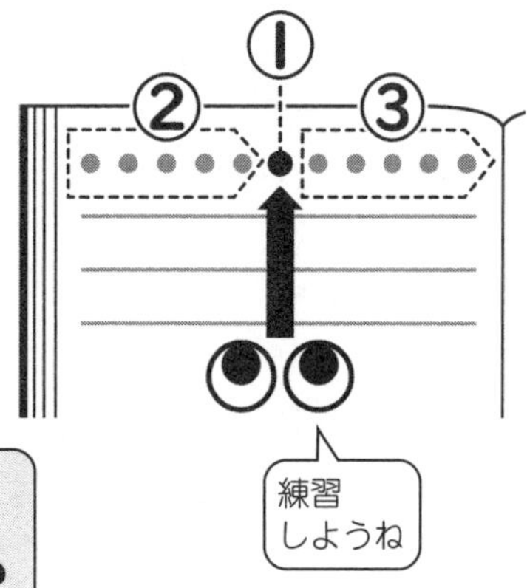

練習しようね

文章を速読するときには文章の構成が分かっていなきゃ

話題提示→問題提起→説明→まとめなどの構成で書かれていることを頭に入れておこう

冒（ぼう）頭部（話題提示・問題提起）を読もう
★話題提示はなされているか
★どんなことが前提になっているか
★何を問題として提起しているか

展開部（説明）を読もう
★どこでスピードに変化をつけるか 
★キーセンテンスはどれか

終結部を読もう
★「～なのだ。」「～と考える。」などの文末表現で結論や筆者の主張が述べられている

展開部を予想しながら読めるよ

接続語で見分けよう

(例えば)(また)(その上) などに続くところは，具体例や補足説明なので
→スピードをあげる

(しかし)(要するに)(このように) などに続くところは，対比や結果を表し，キーセンテンスの場合が多いので
→スピードをおとす

本を速読するには，表紙や背表紙，目次を読み，あらましをつかんでおこう

本を選ぼう

表紙や**背表紙**を見よう
書名や表紙の絵、写真から分かることがある

本を開こう

- **目次がある** → 目次を読む
- **目次はないが小見出しがある** → 小見出しは文章構成をつかむヒント
- **目次も小見出しもない**

本文を読もう

 や  が教えてくれた読み方を使って速読しよう

23．本を参照したり参考にしたりして，自分の考えをまとめよう

ポイントシートのねらい

自分の考えをまとめたり，補ったりするために，書籍や資料などを手がかりにするスキルを身に付けるためのものです。自分１人の力で考えを作っていくだけではなく，先哲の知識や知恵，統計資料や調査結果などを自分の考えを支える資料として活用出来るようにします。

ポイントシートの解説

●参考と参照の違いを言葉で説明すると難しくなるので，ポイントシートの左に「参照」を，右に「参考」を配置し，易しく言い換えて２つの単語の具体的な使い方をイメージ出来るようにしました。

●文や文章のどのあたりに「参考」「参照」が記述されているかを確認するために，矢印で示しています。

●「参考」「参照」という単語を使わない表現もあります。このような表現は「参照」や「参考」に置き換えられます。

	他の表現	
参照	・下の表のようになった。	・図１にまとめた。
	・グラフ３を見てほしい。	・上の写真をよく見てみると
参考	・～で調べた。	・～には…と書いてある。
	・～を見ると	・～によると

●レポートの下に参考文献の書き方を示しています。
書き方の基本は，［著者名 『書名』 出版社，出版年］です。

ポイントシートの活用法

「参照」と「参考」は意味が似通っているので，そのニュアンスの違いを正確に児童に理解させるのは難しいでしょう。ポイントシートの左と右を比べながら，「参考にする」は使うけれど，「参照にする」とは使わない，などの特徴に気付けるとよいです。

児童からレポートの形式でない文章の中ではどんな風に使うのかという質問が出ることも考えられます。説明的な文章や，図書室の本など具体的に使われているものを準備しておき，「参照」「参考」を探してみる時間を設定してみましょう。

本を参照したり参考にしたりして，自分の考えをまとめよう

自分の考えをまとめる時に，自分の力だけで考えをつくっていくのはむずかしいぞ。そんな時は，本をはじめとしたいろいろな資料を手がかりにするとよいのだ。弟子の２人にどんな時に使うか説明させよう。

参照

「参照」は，実際にある記述や資料を直接見てほしい時に使います。

弟子１
サンショウウオの
しょうちゃん

参考

「参考」は，本や資料にある知識や他の人の考えをもとに，自分の考えをおぎなう時に使います。

弟子２
かえるの
こうちゃん

「両生類」と「は虫類」の見分け方について

６年１組　○○　○○

１　調べようと思ったきっかけ
　理科の授業で生き物について学習した時，……………………………。
２　調べた方法
　図書館にある２冊の本を参考にして調べた。また，タブレットを使って WEB 検索した。……………………。
３　調べて分かったこと
　両生類とは虫類の見分け方は３つのことに着目するとはっきりすることが分かった（表１参照）。

【表１】

①	ウロコがあるかないか	…………………………
②	卵からかえったときの姿	…………………………
③	…………………………	…………………………

４　考えたこと・感想
　図書館の本を参考に調べたら，理科の授業で勉強した時には疑問に思ったことが３つに着目することで判断できることが分かってよかった。……………………。調べているうちに，両生類であるオオサンショウウオが絶滅（めつ）危ぐ種であると知った（「http://oosannsyouuo○△＊※◎□」参照）。その生態をもっと調べてみたいと思った。
【参考文献】・ABCD・EFGH 著□□□□監修『両生類・は虫類を育ててみよう』XZY 図書，1996 年
・□□□□著『○○○○○○』△△出版，2015 年

（表１参照）
表１を見たら「３つの見分け方が分かるよ」ということだよ。

２冊の本を参考にして調べた。
２冊の本に書いてあることをもとに調べたということだね。

図書館の本を参考に調べたら，
「図書館の本をもとに」とか，「図書館の本を使って」ということだね。

「…＊※◎△□」参照
「…＊※◎△□」というWEBサイトを見ると，オオサンショウウオが絶滅（めつ）危ぐ種であると書いてあるから，確認してくださいということだよ。

参考文献（ぶんけん）＊
「自分の考えのもとにした文献は」という意味だね。
＊文献：書物や文書のこと

「参照」したものと「参考」にしたものは，必ず出典を書きます。「参照」の場合，記述の直後に，「参考」にした書名や資料名はレポートなどの最後に紹介します。

24. 本を読んで，推薦の文章を書くための手順をはっきりさせよう

ポイントシートのねらい

本を推薦する文章を書く時の考え方と構成を説明したものです。推薦文は，相手がどのような関心をもち，本を求めているのかを意識することが大切であることを示しています。

ポイントシートの解説

●ポイントシートの左に推薦文を書くための考え方の手順を，右に推薦文のまとまりごとの例を示しました。

●読み方の手順は，おすすめ上手な「ハカセ」が見せてくれたメモに，「ハカセ」が解説を加える形式にしています。

●推薦の言葉は，相手にとってキーワードとなる言葉を挙げる必要があります。

●推薦文の構成の具体は，ここでは「始め・中・終わり」の例を挙げました。

まとまり	内　容	補　足
始め	・どんな人に，どのような目的でおすすめするのかを書く。	順序の決まりはない。
	・どんな本をおすすめするのかを書く。	
中	・推薦する相手が，「役に立つ，おもしろい」と感じる理由を書く。 ・「読み方を助言する。」〇〇に気を付けて読みましょう。〇〇する読み方もあります。 ・「関連図書を挙げる。」他に『〇〇』という本もあります。『〇〇』も参考にしてください。 ・「読むことでどんなよさがあるかを書く。」 ・本を読めば，〇〇が分かります。読んだ後に，〇〇な気持ちになります。　など	本の内容を書き過ぎて，相手の読書欲を失わせないように気を付けさせる。
終わり	たくさんある本の中で，この本が一番であるというメッセージを送る。	「始め」よりもさらに強い推薦の表現にする。
	・推薦の言葉を使う。 ・「～の不思議を解き明かす」「～も絶賛」「専門家厳選」などがある。	

●相手が推薦した本を読み，評価（フィードバック）を返してくれることでゴールとなります。「よかった」「役に立った」という評価を受けることを目指します。

ポイントシートの活用法

児童は，推薦文を書く時に，相手の興味や関心をなおざりにして自分の思いを強く伝えてしまうことがあります。紹介文ではなく推薦文なので，おすすめの理由を考える視点が，相手の興味・関心に沿っているかを常に意識しておくよう，助言する必要があります。

（参考文献：井上一郎編著『小学校国語　「汎用的能力」を高める！アクティブ・ラーニングサポートワーク』／井上一郎編著・古川元視著『アクティブ・ラーニングをサポートする！学校図書館活用プロジェクト　掲示ポスター＆ポイントシート事典』／井上一郎著『だれもがつけたい説明力』）

本を読んで，推せんの文章を書くための手順をはっきりさせよう

本を推せんする文章を書こうと思ったとき，どんな順番で考えたらいいのかな。おすすめ上手なハカセに聞いたら，秘密のメモを使って手順を解説してくれたよ。いっしょに挑戦（ちょう）してみよう。

1 推せんを依頼される

どんなことを知りたいと思っているのかな？

総合的な学習の時間に環境問題について，調べ学習をすることになりました。先ぱいから調べ学習に使える本を４年生に推せんしてください。

４年１組井上先生

相手のことと，おすすめの本のことを書いたよ。

はじめ

環境問題について調べるために，本を探している四年一組のみなさんに，この『大気汚染のサバイバル』をおすすめします。…

2 推せんする相手や目的をはっきりさせる

相手のニーズにあわせて

推せんする本を選ぶ

○○だから，△△にぴったり分かりやすい文章だ
最新情報がのっている…

3 推せんする理由を挙げる

読んだ相手が，おもしろい・役に立つと思う理由を，複数見つけよう。

- ストーリー性があり，あきずに…
- 難しい専門用語を分かりやすく…
- 世界の視点での大気汚染について…
- シリーズで，ほかにも読みたくなる……
- サバイバルの科学知識」が…

自分がおもしろい，役に立つと思うところと，相手が思うところはちがうかもしれないよ。いくつか挙げて，選べるようにしておくといいね。

付せんやカードが便利だよ。

推せんしたい部分を５つ挙げて，その中から３つを選んで書いたよ。

なか

…おすすめのポイントは三つあります。
一つ目は，登場人物がハプニングにまき込まれながら，………
二つ目は，まんがの途中に「サバイバルの科学知識」というページがあり，専門的な………
三つ目は，シリーズの中の一冊であると……

4 推せん言葉を挙げる

本を選んだ理由とぴったり合う推せん言葉を探そう。

推せん言葉をうまく使おう。ほかにどんな言葉があるかな。

- 分かりやすい
- 最適な
- これ以上のものはない
- 最新のデーをそろえている
- あっというまに～
- 世の中を見る目が変わる
- ヒント満さい

４つの手順で考えれば，推せん文を書く準備ができるよ。何事も準備が大切。

推せん言葉を使ってみたよ。

おわり

この本を読めば，……，大気汚染について調べたいことがばっちり……。……環境問題について考えるために読む最初の本として最適な本です。

【執筆者一覧】（　）内はポイントシートNo.

・序章

井上　一郎　　元文部科学省教科調査官・前京都女子大学教授

・第1章

阿部　千咲　　神奈川県横浜市立大鳥小学校主幹教諭（6）

雨宮　蓉子　　神奈川県横浜市立緑園東小学校教諭（15）

池田　真洋　　神奈川県横浜市立緑園東小学校教諭（4）

伊藤　全仁　　千葉県市川市教育委員会指導課主査（10）

稲田　真人　　埼玉県さいたま市立田島小学校教諭（11）

井上　貴子　　埼玉県さいたま市立仲本小学校教諭（22）

大森恵美子　　埼玉県さいたま市立鈴谷小学校校長（25）

河村　祐好　　東京都武蔵野市立千川小学校校長（12）

鯨井　幹夫　　埼玉県さいたま市役所幼児政策課主査（23）

工藤　然理　　神奈川県横浜市教育委員会事務局学校教育事務所教育総務課主任人事主事（13）

栗原　紫乃　　埼玉県さいたま市立栄小学校教諭（5，8）

副島江理子　　神奈川県横浜市立緑園東小学校校長（21）

田中　康広　　埼玉県さいたま市立大谷口小学校教諭（1）

玉置　哲也　　神奈川県横浜市立白幡小学校主幹教諭（14）

辻　あゆみ　　埼玉県さいたま市立芝川小学校教諭（7）

永池　啓子　　神奈川県横浜市教育委員会事務局北部授業改善支援センター支援員（2，20）

橋本　大輔　　埼玉県さいたま市教育委員会学校教育部指導1課首席指導主事兼係長（17）

樋口　　浩　　埼玉県さいたま市立大宮小学校主幹教諭（18，19）

深沢　恵子　　神奈川県横浜市教育委員会事務局学校教育企画部教育課程推進室主任指導主事（16）

森本　　圭　　神奈川県横浜市立南吉田小学校教諭（9）

矢部香奈子　　東京都板橋区立金沢小学校教諭（24）

山内あさ子　　神奈川県横浜市立並木中央小学校教諭（3）

・第２章

青山知佐子　　佐賀県伊万里市立大坪小学校教諭（９，16，18）
泉　　敬子　　佐賀県唐津市立佐志小学校指導教諭（20）
牛草　美佳　　佐賀県西部教育事務所北部支所指導主任（６，23，24）
浦元　奈美　　佐賀県佐賀市立久保泉小学校教頭（３，13）
小野　単子　　佐賀県唐津市立箞木小学校指導教諭（５）
蒲生　好子　　福岡県久留米市立山川小学校教頭（４）
白木　佳子　　佐賀県唐津市立箞木小学校教諭（14）
後藤可奈子　　福岡県久留米市立高良内小学校教諭（１）
園田　聡子　　熊本県益城町立広安西小学校教諭（10，21）
田口　聡子　　前福岡県久留米市立柴刈小学校校長（15，22）
田中　　学　　佐賀県鹿島市立西部中学校教頭（11）
鶴田　晋子　　佐賀県唐津市立高峰中学校教頭（17，19）
古川　元視　　別府大学短期大学部教授（２，12）
森田　愛望　　佐賀県唐津市立相知小学校教諭（７）
山口美奈子　　佐賀県唐津市立湊小学校校長（８）

【編著者紹介】

井上　一郎（いのうえ　いちろう）

国語教育学を基盤に教育改革を目指す教育学者。奈良教育大学助教授，神戸大学教授，文部科学省初等中等教育局教育課程課教科調査官，国立教育政策研究所教育課程研究センター研究開発部教育課程調査官・学力調査官，京都女子大学教授歴任。

〈主な著書・編著書〉（出版社：すべて明治図書，特記除く）
『語彙力の発達とその育成』2001，『くどうなおこと子どもたち』2001，『文学の授業力をつける』2002，『読書力をつける―読書活動のアイデアと実践例16―』2002，『読む力の基礎・基本―17の視点による授業作り―』2003，『伝え会う力を豊かにする自己発見学習』2003，『国語力の基礎・基本を創る―創造力育成の実践理論と展開』2004，『読解力を伸ばす授業モデル集』上・下巻，2005，『ブックウォークで子どもが変わる』2005，『誰もがつけたい説明力』2005，『読解力を伸ばす読書活動―カリキュラム作りと授業作り』2005，『調べる力を高める64のアイデアと授業』2006，エッセイ集『子ども時代』2007，『書く力の基本を定着させる授業』2007，『コンピュータを活用した国語力の育成』2008，『話す力・聞く力の基礎・基本を育てる―小学校―』上・下巻，2008，『話すこと・聞くことの基本の能力の育成―中学校―』2008，『話す力・聞く力の基礎・基本』2008，『知識・技能を活用した言語活動の展開』2009，エッセイ集『教師のプライド』東洋館出版社，2009，『言語活動例を生かした授業展開プラン』低・中・高学年編，2010，『学校図書館改造プロジェクト』2013，『記述力がめきめき伸びる！小学生の作文技術』2013，『学力がグーンとアップする！自学力育成プログラム』井上一郎，永池啓子共編，2014，『読解力を育てる！小学校国語定番教材の発問モデル』物語文編，説明文編，2015，『読書活動でアクティブに読む力を育てる！小学校国語科言語活動アイデア＆ワーク』井上一郎編，古川元視著，2015，『小学校国語科汎用的能力を高めるアクティブ・ラーニングサポートワーク』2015，『アクティブ・ラーニングをサポートする！学校図書館活用プロジェクト　掲示ポスター＆ポイントシート事典』2017，『アクティブ・ラーニングをサポートする！小学校教室掲示ポスター＆言語能力アップシート事典』2017，『短時間で効果抜群！70のアレンジを収録！小学校国語科　話すこと・聞くことのエクササイズ70』2019。

国語科教育の基礎・基本
教え方・学び方ポイントシート　1「読むこと」編

2021年1月初版第1刷刊　©編著者　井　上　一　郎
発行者　藤　原　光　政
発行所　明治図書出版株式会社
http://www.meijitosho.co.jp
（企画）木山麻衣子（校正）吉田　茜
〒114-0023　東京都北区滝野川7-46-1
振替00160-5-151318　電話03(5907)6702
ご注文窓口　電話03(5907)6668

＊検印省略　組版所　藤　原　印　刷　株　式　会　社

Printed in Japan　ISBN978-4-18-337817-0